聆 听 古 今 中 外 的 故 事　　感 悟 法 律 援 助 的 意 义
了 解 有 效 辩 护 的 内 涵　　唤 醒 程 序 正 义 的 力 量

法律援助的故事

正义不容缺位

Story of Legal Aid

郭 烁　符尔加◎著

中国法制出版社
CHINA LEGAL PUBLISHING HOUSE

在新的历史机遇中大力发展法律援助制度

（代序言）

法律援助的议题与本轮司法改革密切相关。关于如何进一步落实党的十八届四中全会提出的推动以审判为中心的诉讼制度改革，彻底改变我们国家目前刑事诉讼格局中的不适合刑事法治、公正司法发展的一些体制机制方面的因素，中央有关部门正在研究如何构建以审判为中心的诉讼制度。以往我们在研究这个问题的时候，往往关注了侦查制度、审查起诉制度、审判制度如何更好地贯彻落实以审判为中心这样一种诉讼制度改革的精神，有意无意地忽视了刑事辩护、律师制度在整个格局中的重要地位。

本书的第一个切入点就是我们应如何认识刑事辩护、律师制度在以审判为中心的诉讼格局中所处的地位。我想是不是可以这样表述，即刑事辩护是以审判为中心的诉讼制度的基本支点。大家公认的一个现实是当前中国的刑事诉讼并没有建立以审判为中心的诉讼格局，而是过分强调审判前侦查和起诉的作用，甚至导致出现以侦查为中心的这样一种侦查决定论。虽然《宪法》规定，公检法三机关在诉讼中相互配合、相互制约。但我们看到的配合实际上是检察机关配合侦查机关，审判机关配合检察机关，我们看到的制约是侦查制约了起诉，起诉制约了审判，呈现这样一种格局。实践的运行发生了严重的偏离，使得我们的审判没有中立，更无法独立，也导致一些冤假错案的发生。

所以我们在解读以审判为中心，构建这样一种诉讼制度的时候，要立足于诉辩审三方所搭建起来的刑事诉讼结构，在这样一种结构中控辩是两端且平等的，审判居于不偏不倚的顶点。一个完整的诉讼形态、一个科学的诉讼运行机制都应当是这样一种结构。被追诉方的辩护和辩护人的辩护，与检察机关的控诉在这中间是两个支点，两个支点搭建起来的结构是平衡的，审判应当是也必须是中心的顶点，它向任何一方的倾斜都会带来诉讼双方的不平等，也必然会影响司法之公正。所以过去研究诉讼结构，我们过多地把研究目光投向了侦查、起诉和审判之间的关系，今后我们应该更多地强调辩护在这样一种结构中应有的地位。

第二，实现以审判为中心，最重要的一点是刑事诉讼要有辩护。我们讲辩护是被追诉人的自我辩护和辩护人的辩护，这两者共同构成了辩护的整体，我们不能过分地强调只要有了被追诉人的辩护，这个诉讼中就有了辩护，这种认识是不正确的。我们都知道被追诉人的自我辩护有着很大的局限性。西方发达国家展现的刑事诉讼中的辩护主要是辩护人辩护，因为被追诉人在诉讼中拥有沉默的权利，他沉默就意味着放弃辩护，如果这时候没有辩护人的辩护，那么整个诉讼是没有辩护的。所以我们要讲辩护，一定要把辩护人的辩护提到一个引领的高度来认识。

中国当前刑事诉讼辩护率，辩护人的辩护特别是律师的辩护已经非常低，前些年我们说是30%，这些年一些典型的调查显示是20%左右。所以我们在构建这样一个制度中首先要把法律援助放到应有的位置上。我们所要做的工作或者说切入点，就是在刑事诉讼法中加大强制辩护的力度。

目前刑事诉讼中所谓的指定辩护范围比较窄，从刑法角度来讲判处无期和死刑的才要强制辩护，这在国外是不可想象的。笔者认为只要涉嫌重罪都应该有强制辩护，结合我国国情，重罪的概念应被规范在可能判处5年以上有期徒刑的案件上。随之而来的就是要大力发展推动法律援助制度。国外法律援助制度非常发达，援助的人员、每年的经费、受援的人数远远高于我们——我们国家现在平均一个人一块多钱。所以要在刑事诉讼法中加以规定，没有辩护人辩护的重罪审判构成程序违法。

第三，要实现刑事辩护、法律援助的有效辩护。辩护有了，出工不出力，辩护实际效果不高，这也是我们国家刑事辩护、法律援助制度的一个现状。在美国，有效辩护也是一个上诉的理由、撤销原判的理由，如何使辩护人能够切实履职，尽职尽责，从事实和法律等方面提出切实有效的辩护意见，不管法院采纳不采纳，律师做到了没有，这点也是非常重要的。所以说也要探讨有效辩护在法律上的规范。

新的历史机遇下，国家格外强调法治建设以及人权保障，法律援助制度有着极大的发展空间。对于该制度历史的正本清源，是我们良好运用、积极发展这一制度的基础工作。

郭烁副教授是我指导的博士后工作人员，他嘱我就此问题表达一些看法，我也乐之为序。

陈卫东

目　录

上篇　中国法律援助的前世今生

下篇 美国落实律师帮助权的案例节点

訴訟之利器
撰狀之秘訣
刀筆菁華
第一編
關於訟師之稟單
關於訟師之辯訴
第二編
關於老吏之判牘
關於老吏之批詞
第三編
關於名臣之參摺
關於名臣之奏疏
第四編
關於律師之訴狀
關於文案之公牘
東亞書局印行

Story of Legal Aid

上篇

中国法律援助的前世今生

从邓析到宋世杰

从世界各国的历史来看，早期的律师是以辩护人的身份出现的，而我国早在春秋时期，就出现了专门帮助当事人进行诉讼辩护的讼师，其地位类似于今天的律师。然而与今日风光的律师不同，自诞生之日起，讼师就一直是一个隐蔽而灰色的职业，讼师群体始终被贴上了“唆讼”“诈财”的标签。诚然，由于没有职业准入制度，讼师群体的确良莠不齐，充斥了一大批利欲熏心、颠倒黑白、专钻法律空子的“讼棍”，但同时也有很多坚持是非曲直，怀揣侠义精神的讼师，他们愿意为民申冤鸣屈，却只收取很少的费用甚至不收取费用，颇有点现代法律援助律师的做派。

一、讼师鼻祖——邓析

邓析（公元前545—前501年），春秋后期郑国人，曾做过郑国大夫，春秋末期思想家，“名辨之学”倡始人，名家学派的先驱人物。同时，由于其在法学上的成就，同时也被认为是法学家、法学教育家、逻辑学家，是中国讼师的鼻祖。

（一）造竹刑——让法律走向普罗大众

邓析担任大夫期间，郑国的执政是法家的先驱子产（公孙侨）。子产是第一个将刑法公布于众的人，曾铸刑书于鼎，史称“铸刑书”。尽管同为改革派的人物，但邓析比子产还要激进，他对子产所推行的一些政策不满，几乎处处与之作对。当时郑国有许多人在交通要道人群聚集的地方张贴文字对抗新法令，子产即下令禁止到处张贴，邓析就改用投递匿名书信的方式进行对抗。子产下令不准随便投递，邓析又附在其他物品中到处投递。子产的法令不断地变化，邓析应付的方法也就层出不穷。

邓析对于子产的铸刑书也多有批评，于是自编了一套刻在竹简上的“竹刑”。对于竹刑的具体内容，目前已不得而知，一说是私人法典，一说是对国家立法进行注释和辨析的著作，但从古人的评价即可看出,《竹刑》要改变郑国的旧制，既不效法先王，不肯定礼义，也不接受当时国君的命令，而是体现新兴的统治阶级意志的东西。值得一提的是,《竹刑》的出现是一大进步，因为在这以前，公布成文法都是铸在鼎上，很笨重，不利于流通，而邓析所创作的竹刑，造价便宜，交流、携带都很方便。可以说，邓析创作《竹刑》，让法律走进了普罗大众，有利于提高民众的法律意识，起到了十分积极的普法作用。

（二）两可说——诡论还是思辨

作为名家学派的代表人物，邓析最有名的是他的“两可说”。《吕氏春秋》曾记载了这个关于他的故事：洧河发大水，郑国有一个富人被大水冲走淹死了。有人打捞起富人的尸体，富人的家人得知后，就去赎买尸体，但打捞人要价很高。于是，富人家属就来找邓析，请他出主意。邓析对富人家属说：“你安心回家去吧，那些人只能将尸体卖你，别人是不会买的。”于是富人家属就不再去找打捞人买尸体了。打捞人着急了，也来请邓析出主意。邓析又对他们说：“你放心，富人家属除了向你买，再无别处可以买回尸体了。”从这个故事来看，邓析对买卖尸体双方所说的话，确实有一点诡辩的嫌疑，但是，他在这件事情中只是一个中立者，所以没有义务和责任一定要站在某一方的立场上说话。而且，得尸者和赎尸者各有正当的理由，邓析也没有理由偏袒任何一方。因此，双方在向邓析咨询的时候，他就只能为对方出有利于其权益的主意。当然，从这个故事中我们也能看到诉讼中禁止双方代理的必要性。

邓析的回答都是正确的，而且反映出他已经具有了相当完整的朴素辩证观念。邓析非常善于利用言辞和逻辑关系，使对方陷入无言以答之两难境地。他不仅确立了论辩的理论，而且提出了辩的方法。通过“别殊类”“序异端”，达到“论志通意”的目的，而反对“饰辞以相乱，匿辞以相移”的诡辩。邓析将辩分为“大辩”“小辩”两类，而且还根据辩说对象的不同，提出几种具体的论辩方法。邓析的“两可”分析法，对后世的名辩学者有很大影响。①

（三）讲学助讼——最早的法律援助实践

邓析最独树一帜的，是他不仅精于著述和辩论，还热衷于讲

---

① 参见王长江：“中国律师辩护探源——兼评邓析其人”，载《河南司法警官职业学院学报》2009 年第 2 期，第 111 页。

学助讼，使得郑国兴起了一股诉讼的浪潮。他开办私学，还聚众讲学，向人们传授法律知识和诉讼方法，并帮助别人诉讼。《吕氏春秋》记载，邓析“与民之有讼者约，大狱一衣，小狱襦裤。民之献衣而学讼者不可胜数。”不难看出，在春秋时商品经济尚不发达的背景下，邓析还是收取了实物作为助讼的费用，即大案成衣一套，小案只收上衣或者裤子一件。对于为何邓析收取衣裳作为“律师费”我们不得而知，但按照邓析的地位、才学和名气，即便是其收取价值更高的牛羊作为“律师费”，一样会生意兴隆。因此，可以说邓析“大狱一衣，小狱襦裤”的收费标准堪比现在律师代理法律援助案件的收费，这使得他的助讼基本上成了“义务劳动”。由于收费低，郑国民众还纷纷参加他的法律培训班学习讼辩技巧。

而在诉讼的过程中，他敢于提出自己的独到见解：“以非为是，以是为非。”他擅长辩论，有人称他“操两可之说，设无穷之词”，但广大民众对于他却十分敬佩。在他的倡导下，郑国兴起了一股热衷诉讼的思潮，但在统治者眼中，“郑国大乱，民口欢哗”，旧有的秩序和统治受到了严重的威胁。继子产、子大叔而任郑国执政的驷歂对付不了这种局面，认为邓析是“作伪之民”，便把他杀了且陈尸示众。而令人唏嘘的是，驷歂杀邓析所依据的竟然就是邓析编著的《竹刑》。

无论后世如何评价，邓析在法学研究和狱讼活动中所体现的才华毋庸置疑，而他助人诉讼、为下层百姓服务的做法可以说是史书记载中最早的法律援助实践。

二、讼师之杰——宋士杰

随着汉武帝“罢黜百家，独尊儒术”，儒家思想上升为封建社会的正统思想，其主张的“无讼”“和贵”观念逐渐深入人心，此后历朝历代的统治者都把息讼、止讼作为执政的主要内容。在这样的大背景下，尽管随着商品经济的发展，自宋代起，民间纠纷日渐增多，诉讼的数量不断增加，社会对于讼师参与诉讼的要求也不断增加，但统治者对于讼师职业却不断打压，甚至在立法上限制和禁止讼师职业活动。例如宋朝法律直接规定代人诉讼为犯罪，明清律专设“教唆词讼”条：凡教唆词讼，或者为别人写作词状时有增减情节罪行的，就要作为诬告处理。接受委托人财产酬谢的，计赃以受财枉法罪从重论处。同时，官府禁毁作为讼师教科书的讼师秘本，从源头上阻断讼师的潜在力量。例如，乾隆七年，刑部定例：坊肆所刊讼师秘本，如惊天雷、相角、法家新书、刑台秦镜等一切构讼之书，尽行查禁销毁，不许售卖。

不难看出，邓析之后的讼师们日子一样很难过，但这并没有阻碍一些心怀侠义精神的讼师，他们勇敢地为民申冤，却时常分文不取，明代的宋士杰就是其中之一。

（一）从刑房小吏到侠义讼师

宋士杰，也作宋世杰，虽然他本人是被民间广泛传颂的人物，但是在《明史》及《信阳志》等地方志中却无任何对其身世经历的记载。这就造成了宋士杰的身世之谜，比如他出生在哪里、死后葬在哪里、其人是否只是民间的传说想象、有没有真实地存在过等等一系列疑问。但近年来关于宋士杰出生地、死后墓地以及其后人、家族族谱等被发现，尽管其生卒年月和余生事迹已不能详考，但其人是真实存在的。

宋士杰，出生于湖北应城，后到河南信阳谋生计并定居于此。宋士杰幼年家道贫寒，虽读过经书，但却未仕进。明正德年间，曾干过代书的营生。明嘉靖初，在南汝光道衙门当过刑房书吏。由于宋士杰生性耿真，不善阿谀奉承，道台老爷本来对他入衙门后没有银钱“孝敬”自己，大为不满，又见他经常据理力争、顶撞自己，更是十分恼怒，因此，便找个机会，以“办事傲上”和“包揽词讼”等罪名，革掉他刑房书吏的差事。此后，宋士杰便在信阳州外小街开设饭店，他平素行侠好义，时常代人书写状子，不收分文，为民申冤鸣屈。

（二）杨素贞案——一案扳倒三进士①

宋士杰为民申冤的案子中，最令人称道的当属他为杨素贞申诉，扳倒三名进士出身官员一案。

宋士杰被革职后，在信阳州外小街开设饭店，一日偶见几名地痞无赖在纠缠一年轻女子。宋士杰连忙将女子救下，询问得知女子姓杨名素贞，是河南上蔡县人，其夫姚廷梅，有个哥哥叫姚廷椿，妻子田氏。姚廷椿的妻子田氏图谋财产，与丈夫合谋毒死了姚廷梅，又串通杨素贞之兄杨青，反诬指杨素贞与人通奸，趁势将杨素贞赶出家门，卖给布商杨春为妻。途经信阳州郊区，买妻者杨春见素贞遭遇可怜，便扯碎婚书，愿与素贞结为兄妹，替她申冤。二人路遇一好心人，代其写状纸，还嘱咐他们去信阳州申诉。可惜杨素贞与杨春失散，告状无门。宋士杰听到杨素贞的冤情后，将她收为干女儿，带她向道台顾读告状。

---

① 参见高光斌："讼师之杰——宋士杰——古代诉讼戏曲一瞥"，载《中国京剧》2004年第3期，第45-46页。

可是这件案子所牵涉的官吏位高权重，凶手田氏是江西巡按田伦的姐姐，而田伦与牵涉的几名官员——河南巡按毛朋、信阳道台顾读、上蔡县知县刘捷四人曾同时出京为官。当时严嵩专权，四人相约饮酒中，相互勉励，赴任后不违法渎职，以报海瑞举荐之功德。事发后，杨素贞和杨春决定申冤，首先自然先去上蔡县，而上蔡县知县刘捷贪杯收受真凶姚廷椿和田氏贿赂，再加上田伦的关系，并未受理此案。得知杨素贞和宋士杰越衙上告，田氏怕阴谋败露，便求弟弟田伦给顾读写信，并随信附上白银三百两。田伦派来的公差正巧住在宋士杰的店里，宋士杰见他们行踪可疑，便趁他们熟睡之时，发现了田伦的密信，立即将信上的字句一一抄下。顾读看了密信，收了白银，将杨素贞屈打成招，释放田氏夫妇。宋士杰也挨了板子，只好等巡按毛朋来到，再作打算。正在这时，宋士杰巧遇杨春，让他赶去向毛朋拦轿告状。

毛朋为官清正，准了宋士杰的状子。毛朋到了信阳州，开堂重审这件命案。宋士杰拿出抄下的密信为证，控告田伦、顾读贪赃枉法。杨素贞的冤情由此大白。铁面无私的毛朋斩了田氏夫妇，革了田、顾两人的官职。又因宋士杰一状告倒两个大官，要将他判往边疆充军。杨素贞情急智生，认出毛朋就是当初帮自己写状纸的“好心人”。宋士杰指出毛朋办事不公，要是打抱不平也犯法，那么毛朋是第一个替杨素贞写状纸，第一个打抱不平的人。毛朋被问得哑口无言，只好释放了宋士杰。

（三）熟律法，重证据，精辩论

要为民申冤，光有正义感和一腔热情是不够的，还必须在熟悉律法的基础上，善于调查搜集证据，再加上一张三寸不烂之舌，才能成功为民申冤。在杨素贞一案中，宋士杰带杨素贞向道台顾读告状，状纸还没被收下，收受了贿赂的顾读就首先以“包揽词讼”向宋士杰问罪，根据是“杨素贞越衙告状，住在你的家中”，“岂不是包揽词讼”？对此，熟悉律法的宋士杰从容地编述了杨素贞幼时曾拜在他的名下，成为“螟岭义女”的经过，随后反诘：“干女儿不住在干父家中，难道说叫她住在那庵堂寺院？”这里，宋士杰将他与杨素贞义父女关系时间的提前，不仅是回答杨素贞为何住在他家的需要，以反击顾读“包揽词讼”的指控，更重要的是，适时表明义父女关系，为他帮杨素贞诉讼得了合法的地位。而想给宋士杰来个下马威的顾读无可奈何，不得不受理宋士杰递送的状告。

而正式升堂后与顾读的正式交锋，更是体现了宋士杰的办案水准。当时形势是宋士杰已知顾读受贿徇私，公堂任他独断。

宋士杰却明知不可为而为之，要将顾读的枉法行径公之于众。面对顾读强加给杨素贞“勾结奸夫、谋害亲夫”的罪名，宋士杰抗言问道：“既然如此，她不远方逃命，反来信阳州越衙告状，难道她前来送死不成？”问得顾读张口结舌，只能胡言发问：“称如此为她（指杨素贞）讲话，莫非收了她的贿赂不成？”宋士杰知道顾读收受贿赂心里有鬼，于是以调侃口吻“坦白”：“受贿不多。纹银三百两！”顾读又惊又怕，恼羞成怒，强以“欺官傲上”的罪名责打宋士杰四十大板，欲缄其口。此次交锋，表面看来，是顾读占了上风。拘私“收监”了杨素贞，依法“堂杖”了宋士杰。实则是顾读的枉法行径被公之于众，法理上的胜者，无疑是宋士杰。

同时，宋士杰深知，诉讼中仅凭正义感和熟悉律法是不够的，还需收集必要的证据。他听到住宿差人的醉后交谈中的“酒酒酒，终朝有，有钱的在天堂，无钱的下地狱”，从这一蛛丝马迹推断其中必有隐情，毅然进行查证，不惜冒“剁手”之险，掌握了顾读贪赃枉法的第一手材料。最后，这件以非常方式记录在衣襟上的书信，成了告倒三个进士最为重要的物证。

而当三名进士出身的官员被查实贪赃枉法，毛朋却欲以“民告官有罪”之罪发配宋士杰充军时，宋士杰的回答则展现了其论辩水平。宋士杰欲擒故纵：先认可“百姓告官当问斩”，然后点明本案“无有状子告不成”，引出毛朋是写状人的事实，反证本案并非是自己“民告官”，而是巡按履行监察职能所为，属“官查官”范围。而在毛朋称自己为杨素贞写状纸并非职务行为，只是路见不平之后，宋士杰单刀直入，对毛朋指出：“那你写状子在先，犯法你是头名！”使得毛朋只得接受宋士杰“官查官”的说法，亲自下位，为宋士杰卸去刑具，恭称“你是我说不倒的老先生！”充军之事也就不再提起。

（四）改编成剧，千载流芳

宋士杰在一场官司中将刘捷、顾读、田伦三个明朝进士一齐告倒，此事被老百姓广泛赞扬，后人将其故事创作成一部戏剧——《四进士》，在秦腔、京剧、豫剧、越剧、湘剧、川剧、汉剧、徽剧、晋剧等数十种剧种都有剧本的传唱，许多戏剧名家如周信芳、马连良、张褚书等都出演过宋士杰的角色。在抗战时期，毛泽东就看过爱好京剧的张褚书客串演出的宋士杰。

而在广东、港澳一带，宋士杰的故事被改编为越剧《审死官》，开始流行。《审死官》中将宋士杰刻画为一位清朝的讼师，他敢于痛骂贪官，为民请命，帮助弱女子杨素贞告倒贪官。清朝末年，广东又走出了陈梦吉、方唐镜、何澹如、刘华东四位著名的状师，于是，宋士杰在民间的形象也开始由明朝的热心讼师变成了清朝的正义状师，甚至被误认为是广东的四大状师之一。

1956 年，上海电影制片厂将传统戏剧《四进士》拍摄为彩色电影，随着电影的热映，宋士杰的知名度达到了极致。1948 年，香港拍摄有粤语片《审死官》，后来香港电视台又拍摄了电视剧系列的《状王宋世杰》，剧中的宋士杰最初是清朝一个唯利是图、助纣为虐的无耻状师，专为恶人打官司、捩横折曲，善于强词夺理，号称“死人拗得翻生”。后来良心发现，转而为民请命，却马上受到官府迫害。后香港著名导演杜琪峰导演、周星驰主演的《审死官》影响较大，最为人熟识。电影依照近数十年来宋士杰在广东民间流传的形象拍摄而成，因此背景设在清朝，宋士杰也由老年改为青年，但无论如何，宋士杰路见不平、有勇有谋的侠义的讼师形象已充分深入人心。

特许代理、代书与法律咨询

——现代眼光下的古代法律援助

法律援助是一种无偿的法律服务，在法律援助制度还远没有萌芽的古代，法律服务随着法的出现和应用已经不断发展，从诉讼领域向人们的日常生活渗透，逐渐成繁荣之势。总体上看，古代的法律服务多为“有偿”，但也不乏一些“无偿”的服务，或是出于对受助者的怜悯，或是基于打抱不平，甚至只是想显示自己的“聪明才智”，无论“无偿”的原因如何，用现代的眼光看，这些都算得上是具有法律援助色彩的法律帮助。

一、特许代理——实则是一项特权制度

在古代纠问式诉讼模式下，当事人普遍被要求到庭接受和参

与审判。但对于一些特殊案件，历代法律制度允许诉讼代理的存在，同样是针对“特殊群体”，古代的诉讼代理与现代法律援助中的代理和辩护比较，其基本理念和适用对象却大相径庭。

诉讼案件的代理最早起源于西周时代，《周礼·秋官·小司寇》载：“凡命夫命妇不躬坐狱讼。”意思是说，如果当事人是命夫命妇则无须亲自到法庭上进行诉讼。《周礼疏》对此解释说：“古者取囚要辞皆对坐，治狱之吏皆有威严；恐狱吏亵，故不使命夫命妇亲坐，若取辞之时，不是不坐，当使其属或子弟代坐也。”这体现了周朝在适用礼刑上的一个重要原则，即“礼不下庶人，刑不上大夫”。命夫者，其男子为大夫者；命妇者，其妇人之为大夫妻者。躬，指亲自或亲身。《秦简·封诊式》记载了一起“黥妾”（对婢女实行脸上刺字的黥刑）案，一名五大夫派家吏作为代理人告其婢女，希望能判其黥刑，可见类似这种大夫处置家奴的案件，是可以代理的。五大夫是秦汉时期的爵位，在秦、汉二十等爵中居于第九级，高于二十等爵中第五、六、七级的大夫、官大夫、公大夫，号为“大夫之尊”。不难看出，这种代理与其说是一种法律服务和帮助，不如说是贵族特权在司法活动中的体现，其目的在于避免司法官在审判时冲撞贵族的尊严和身份。这种方式在元明时期得到了延续，出现了针对官吏诉讼案件的特许代理，即田土、婚姻、钱讼等民事案件，允许其子孙弟侄或家人代诉。

除了针对贵族和官吏，也有针对“弱势群体”的代理制度，元代《元典章》明确规定，年老、笃废、残疾人等，只能提起谋反、叛逆、子孙不孝及同居之内为人侵犯者等诉讼，而其他方面的诉讼，必须由其共同居住的家属代理。表面上看，法律之所以赋予他们司法上的优遇，是为了落实“敬老怜幼”的道德伦理，矜恤其诉讼能力有限，不便赴官，但实质上是限制其诉讼权利。历代对于年老及残疾者犯罪，均有从宽的规定，如《唐律疏议》就明确：七十岁以上的老人、十五以下的少儿以及废疾者，犯需判处流放以下刑罚之罪，可以以银钱赎罪，因此为避免老幼残疾之人利用类似规定，滥用诉权诬告他人而不用承担责任，出现了用强制性的代理完全取代诉权的制度设计。类似的情况还出现在关于妇女行使诉权的规定中，由于古代女子没有一般意义上的诉权，《元典章》中专门有“不准妇人诉”的条文，对于全家无男子的妇人，确有需要向官府陈告的，由其宗族亲人代诉。但颇让人唏嘘的是，与其他情形中代理人需承担诬告责任不同，代妇人诉所告不实的，由被代理的妇人承担诬告的罪责，而代理人无责。

二、代书——最常见的“援助”形式

随着告状形式从口头向书面演变以及书面诉状的进一步格式化，司法审判对状词愈加重视，状词不仅决定着官员是否受理案件，而且在很大程度上决定着案件的审理结果。但由于教育水平的限制，大部分普通百姓并不具备自行书写诉状的能力，同时由于法律并不为人所熟知，“各门刑衙门止有律书一部，小民不得与闻”，因此即便是对于受过一定教育的人，也并不具备相应的专业知识，因此，代人书写状词成为古代法律服务中最普遍，也是最重要的形态。

关于代书，唐代律法即有相关的规定，而宋代则出现了民间代书机构——书铺。北宋时期李元弼的《作邑自箴》对书铺和代书的开业、运作、转让和歇业都有明确说明，例如写状书铺户主必须由三名本地人保举，无犯罪前科；书铺需经官府审查批准，籍定入册、发给营业执照和木印后，方可挂牌开张；写状铺户主改行或死亡，要将木印子送官毁弃。《作邑自箴》的这些描述说明了两个情况：一是代写书状在北宋时期已经成为一项职业和产业，所以才会出现书铺这样专业从事代写书状的机构；二是职业性的代写书状已完全纳入官府的管理和控制之内。

降至清代，代书制度日臻完备。[①]与宋代注重对代书机构的管理不同，清代更加看重的是对代书职业的管理。一方面，清代对代书职业实行许可制，即必须采用“考取”的方式，从诚实识字者中选拔词理明通，具备书写状词禀帖的专业技能，以及为人老成练事和遵守相关约束的人作为代书，而获得这样资格认证的人被称为“官代书”。另一方面，清代对代书的行为进行了严格的约束，要求其必须严格按照告状者的叙述进行记录，如果代书有教唆词讼以及在词状中人为增减事实或者进行诬告，以致人员和财产受到伤害的，地方官应当予以严办。同时明确状纸也有一定格式，“状刊格眼三行，以一百四十四字为率。”与此同时，清代也将代书的作用提升到一个前所未有的高度，将其作为衙门受理案件的前提，在州县司法事务中，告诉状都得这些取得合法地位的代书来书写，衙门才接受，而官代书抄写完状纸后，必须盖上官颁戳记，由衙门验明，方可收受。

官方的认可给代书带来稳定的收入，代书的收入主要分为两部分：一是戳记费，二是状纸费。戳记费，也叫戳记钱，是官代

---

① 参见邓建鹏：“清朝官代书制度研究”，载《政法论坛》2008年第6期，第124-137页。

书在誊写好的状纸上盖上官给专用戳记即“打戳”的费用。名义上为戳记费，其实主要是官代书的做状费用。在清代中后期歙县遗存下来的一件讼费账单中，将之记作“图记”费，每次200文钱。格眼状纸一般也由官代书按一定款式印制并出售，同样要收费。在歙县讼费账单中，将状纸费记录为“格眼纸”，每份17文钱。[①]在收入得到保证的前提下，代书中一些热心之士在遇到家境贫穷的告状者时，往往会减少甚至不收取报酬。讼师秘本《刀笔菁华》中记载了讼师谢方樽的一个案子，告状人早年便成了孤儿，寄养在堂叔家度日，堂叔于是吞没了其家产。告状人长大后很不甘心，便求助于谢方樽，诉说了基本情况和要求，方樽念其幼怜，便为之写了一状，而由于其高超的状词写作技巧，在本身证据并不充分的情况下，把本来只有个大概的事情，用子虚乌有的细节刻画得淋漓尽致。从其小时候缺衣少穿一直到成年以后其叔父如何宣布其无权继承家产，到“新妇无端堕入罗网”，甚至以死相诉，其所陈之情简直可说是催人泪下，而其叔的行为则令人发指。

---

① 参见郑小春：“清朝代书制度与基层司法”，载《史学月刊》2010年第6期，第29-38页。

三、法律咨询——“地下”法律援助

“无讼”是古代国家精英不懈追求的社会理想，为实现这一理想，中国传统社会存在非制度化与制度化抑制诉讼的途径，从而培育出“厌讼”的社会文化，民间产生纠纷一般是先找亲邻、族长调处解决，而不去官府申告，但调处主要依赖里老的名声威望和宗族势力，所依据的也是当时当地的村规民约和社会道德，在这样的背景下民众缺乏必要的法律知识和诉讼技巧，真正面临诉讼时往往只能望而兴叹。而另一方面，随着商品经济的发展，自宋代开始，民间诉讼持续增加，越来越多的告状人和应诉者需要得到一定法律“专业”上的支持，但囿于制度的限制，绝大多数的案件无法进行委托代理和辩护，当事方只能通过法律咨询的方式获得帮助，其中也不乏一些带有法律援助色彩的免费咨询。

为当事人提供法律咨询服务和整个诉讼的策划，可以用古代律例里经常提到的一词来代替，那就是“教唆词讼”。虽然历代官府都从律法上全面禁止为他人提供法律咨询和谋划诉讼行为，但在面对一些不可避免的争讼时，地方官员往往会网开一面，即把良性的咨询和唆讼类的咨询区别对待。如清朝豫省大员田文镜，对于“有等凭籍门第，倚恃护符，包揽钱粮，起灭词讼，出入衙门，武断乡曲者，廉访确实者，是必具详参革，严加惩处。”而对于“品行端方，学问宠博者”，那么，“地方利弊”，可以向其采访“政事得失，可以咨询。”“岁时伏腊，讲射读法之余，可以亲正人而闻正言。”而且要提醒他们“事非切已，毋令干预以滋弊，法不容情，毋为袒护以长奸。”[①] 特别是对于那种为人正直、心怀狭义者提供法律咨询的，官府在一定程度上是默许的。

清代笔记《讼师狡智》中就记载了一个免费提供诉讼咨询的故事：有李姓书生，在乡里担任私塾教师，尽管家境贫寒，但为人十分笃厚。这个书生的妻子长得略有几分姿色，但十分贪财，其与一个商人私通，还想跟随商人远走私奔到外乡。有一天，李生回来，他妻子却说跟他素未谋面，李生惊怒，破门欲入，哪里知道其妻却恶人先告状，与那个商人跑到官府称李生私闯其私宅，而官府对这个案子也无可奈何。李生的乡邻求教于谢方樽，谢方樽告诉来访的众人只需要让官府知道告状的女人就是李生的妻子，还教授了诘问其妻子的方式，让众人回去教给李生。李生依照谢

① 参见党江舟：《中国传统讼师文化研究》，中国政法大学2003年博士毕业论文，第86页。

方樽的方法，果然赢了官司。

而另一本清人笔记《清稗类钞》中则刻画了一个坚持正义、乐于助讼的讼师吴墨谦。此人生活在清朝雍正年间松江地区，通晓律例。如果有人请他代写诉讼状，他必定会先了解案件，如果在法理和情理上缺乏一定的依据，他会劝其进行和解；如果在法理和情理上站得住脚，即便是高级官员也无法插手其案件。《清稗类钞》中有一则其办理的田产纠纷案件：一名穷人将田产典给富豪后想回赎，而富豪却想强占这一出典的田产，于是用一张旧纸伪造了一张绝卖的地契。出典的穷人因此输了官司。后来他找到了吴墨谦，吴通过掌办该案文书的小吏看到了地契，并巧妙地看出了伪造的痕迹，于是向官府申诉称这份地契看上去是被虫蛀了，但虫蛀的痕迹却并不整齐，请求将富豪保管地契的容器用来对比，就能发现其为伪造，而富豪根本拿不出保管的容器，只得同意穷人赎回田产。吴墨谦既坚守道德底线又通晓律例，其提供的法律咨询，无论是对无权无势的百姓，还是对社会而言都是有益的。

不过在法治不彰的时代，即使助善，很多时候也只能使用违法手段。《刀笔菁华》记载说，有个人被马踢伤，几次上告，官府都不受理，只好找讼师求助。讼师说：“马驰伤人者，罪在马不在人。君则可控马不能控人。依我之见，只须倒置‘马驰’二字，改为‘驰马伤人’，则语意与前绝不相同，以罪在人不在马，必能准也。”那人以此上告，地方官果然判被告赔偿医药费。马受惊而踢伤人，和马的主人没什么关系，但如果是“驰马伤人”，变成了马主人故意策马踢伤行人，这肇事责任就跑不掉了。

而有的援助中的违法程度，就不仅是钻律法的漏洞，而是公然制造伪证。《刀笔菁华》中记载了另一则谢方樽的故事：寡妇陆婉珍与邻居汤翁争夺一块土地的所有权。汤翁贿赂官吏，使陆婉珍有怨难诉，就在汤家祖坟上吊自杀了。汤翁赶忙找著名讼师谢方樽帮忙。谢方樽命人给死去的陆婉珍换上一双新的绣花鞋，以“诉为冤遭仇陷，移尸图害事”做状，说汤家的墓“四面苗天”“倘逢天雨，更觉泥泞”，而在“连宵春雨”后，陆婉珍的尸体上“香钩（指女人的鞋）初未沾泥”。谢方樽以此说明，不是死者自己走到汤家墓地自杀，而是有人欲陷害汤翁，在别处杀完人，再移到汤家墓地的。一个小小伎俩，就让逼死陆婉珍的汤翁，从加害者转为受害者，轻而易举地洗脱了自己的罪名。

法律和诉讼咨询的增加，在一定程度上也推动了民间“健讼”“好讼”现象的出现，这与历代统治者希望民间“厌讼”，达到无讼局面的目的背道而驰，而很多法律咨询所提供的意见只是为了赢得官司，忽视了其自身行为和程序的合法性，为官府打击法律咨询职业提供了理由。很多地方官员在上任时就会开展打击讼棍、整饬民风的“严打”活动。例如清代乾、嘉时期的良吏汪辉祖上任宁远知县时，得知当地素有“健讼”之风，因此在接受状词时一旦发现背后有讼师提供咨询的，案件尚未审理，即先查明当事人背后的讼师，问其唆讼之罪，不仅当堂将讼师用枷锁锁在堂上，对其进行肉体上的惩罚，还在审案时让其挺立示众，进行人格上的羞辱。据清朝的《刑案汇览》载，有一年愈七十的老讼师，尽管只是为人代作呈词，且均为寻常案件，全无勾结衙门官吏欺骗乡愚、诈取钱财的形迹，却被作为“积惯讼棍”而处以流刑，减一等判以满徒。在这样的情况下，历代以提供法律咨询为业的讼师，其身份都只能是地下的、半公开的；连作为讼师教材的讼师秘本，也被与淫词小说作为同类成为禁书，乾隆七年（1742 年）定例坊肆所刊讼师秘本等一切构讼之书，官府尽行查禁销毁，不许售卖，而撰造刻印者，不仅要被杖责，还要遭受流放之刑。

不难看出，在几千年“厌讼”文化下的古代中国，法律援助只能是一些民间机构（书铺）和个人向贫弱者提供法律人援助。这种援助只是古代的知识分子基于良心和道义而自发提供的一种具有慈善性质的行为，受援助者只能被动地接受施舍。应当说，这种形态只是作为一种原始形态的“民间活动”的形式存在，还不具备制度化的特性。

公设辩护人与平民法律扶助

——民国时期的法律援助制度

1840年以来，中国在外部强力胁迫下开始了自身的近代化过程，继洋务运动推动的工业近代化，民族资本主义经济兴起推动的产业近代化后，清末修律则推动了司法制度的近代化。尽管这一时期法制的发展充满了曲折，但文明和民主的种子仍旧顽强地生根发芽，而作为枝叶的法律援助也终于以制度化的形式被确立。

一、《律师暂行章程》与律师制度的建立

律师制度的出现与律师诉讼地位的确立和作用的发挥是建立法律援助制度的前提条件。由于中国历史上没有律师制度，因此

在中国长达五千年的封建历史长河中不可能会产生法律援助制度。而清朝末年，随着鸦片战争的失败和列强的侵略，外国律师出现在中国。他们先是在“租界”的法庭执行职务，而后在中国法院担任辩护人或代理人。在国外法律文化的强大冲击以及国内朝野日益强烈的变法图强思想压力之下，清政府为求自保，开始变法修律，引进了包括律师制度在内的资产阶级的司法制度。1906 年清政府完成了《大清刑事民事诉讼法草案》的修订，律师专列为一节。但由于各省督抚的反对，直到清政府灭亡，这部草案始终未能颁行。

1911 年辛亥革命，清朝政权被推翻。与清末预备立宪同时进行的司法改革也随之中断。以孙中山为代表的资产阶级革命派在废除封建专制制度、打碎旧的国家机器的基础上，仿效西方资本主义国家，建立了民主共和政体性质的国家政治制度，其中就包括仿照欧美国家的法治原则重新建立法律制度。此后，尽管袁世凯窃取了临时政权，但建立新型法律制度的趋势已不可阻挡。1912 年北洋政府正式公布实施《律师暂行章程》，从此创立了民国时期的律师制度。《律师暂行章程》尽管只有 38 条，但涵盖了律师资格、律师证书、律师名簿、律师职务、律师义务、律师公会、惩戒等七方面内容，搭建起与现代律师制度基本相同的制度框架，实现了中国传统的法律服务职业由讼师向律师转型。

《律师暂行章程》确立了三项基本制度。

首先，建立了职业准入制度。《律师暂行章程》规定律师执业的基本条件就是要通过律师资格考试，而具备考试资格的主要有三类人：一是曾经接受过系统的法律教育者；二是现从事法学教育者；三是有一定的法律职业经历者，如曾经担任过推事、检察官的，均可参加考试，考试合格者，才可以担任律师。此外，《律师暂行章程》还规定了律师职业的其他条件，包括国籍、年龄、性别等要件，“必须是中华民国人民，满 20 岁以上之男子”，这一封建礼教色彩浓厚的规定也反映了当时社会转型的背景。

其次，明确了律师自由职业者的身份。《律师暂行章程》第 14 条规定，律师受当事人之委托或审判衙门之命令，在审判衙门执行法定职务并得依特别法之规定，在特别审判衙门行使其职务。

律师在执业过程中的行为准则仍是法律，是执行法定的职务，而不是受制于当事人或法庭。为保障律师执业的独立性、公正性，《律师暂行章程》限制律师兼职商业等事务。

再次，确立了以司法监管为主，行业管理为辅的监管机制。《律师暂行章程》确立了律师行业的自治管理会为律师公会，律师公会有权制定“会则”以维持律师道德。又规定，律师执业首先要履行登录手续，即在获取律师证书后，需将律师证书呈送到高等审判厅核验，而核验的内容既包括个人身份情况，如男性公民且无不良记录，同时也包括业务的要求即“未有法律禁令之兼业”。正是这一复杂的过程，使传统中国越出了既往的轨道，走上了一条与过往十分不同的发展之路。

二、民国“第一律师”与律师行业的发展

《律师暂行章程》颁布之时，律师人才奇缺；同时，民国建元之初，百废待兴，当时政府尚未能及时组织律师考试。为弥补这一缺陷，《律师暂行章程》又规定，对于国外大学或专门学校修法律学或法政学三年以上，获得毕业文凭的；在国立、公立大学或专门学校修法律学三年以上，获得毕业文凭的或教授《律师考试章程》内主要科目之一满三年的，均可以不参加律师考试，直接获得律师资格。

作为这一规定的受益者，毕业于东京法学院的曹汝霖成为民国史上第一个申请到律师执业证书的人。尽管从“二十一条”到

“火烧赵家楼”，曹汝霖扮演了一个极为不堪的角色，但他在律师界的表现却不负“民国第一律师”的名号。在1912年9月至12月的4个月时间里，曹汝霖代理的诉讼案多达28件，并承担了上诉刑事案件中半数以上的辩护工作。虽然名动一时，但曹大律师的收费并不昂贵，“除照章公费外，不计较酬报，听当事人之便。”曾有一案子获胜，当事人全家老小到曹家叩头致谢，感激涕零，但家中贫困，只能送些土产表示谢意。曹汝霖不仅不收酬劳，就连工本手续费都免了。当然由于社会转型期，民众对于律师的认知极少，曹大律师也曾碰到很多尴尬之事。一次他去保定出庭，所住的旅馆张灯结彩，还打出横幅书“欢迎曹大律师”，这让曹汝霖惊讶万分，问过了旅馆才得知当地百姓将其当作了旧时的巡按。即便是“大总统”袁世凯，都对曹汝霖的律师身份感到不解：“何必做律师，律师不是等于以前的讼师吗？”曹汝霖正色答道：“律师与讼师绝对不同，律师根据法律保障人权，讼师则歪曲事实于中取利。”自曹汝霖之后，法政学生挂牌的律师者渐多，律师队伍逐渐壮大，到1931年，全国执业律师人数过百的城市已达16个，而上海、北平、天津的执业律师数超过了500人。

三、公设辩护人与“专业化”刑事法律援助的发展

律师制度的建立为法律援助的制度化提供了制度土壤，而稳定的律师队伍则为法律援助的实现提供了可能。法律援助在中国的提出最早在清末法制改革时。1906 年，我国近代法制改革家沈家本在向光绪帝奏呈《刑事民事诉讼法》时，曾提出在中国适用律师制度的主张，并说：若遇重大案件，则国家拨予律师；贫民或由救助会派律师代伸权利，不取报酬。由救助会派律师为贫民代伸权利，不取报酬，显然含有法律援助之意。沈家本的主张当时未被清廷采纳，但法律援助的思想却有所传播。

民国时期的法律援助，诞生于北洋政府时期的“指定辩护”。1912 年湖南省都督府公布的《湖南辩护士暂行规则》和北洋政府公布的《律师暂行章程》都规定，律师无正当理由，不得辞法院所命之职务。所谓法院对律师“所命之职务”，主要就是指刑事诉讼中的指定辩护。然而，这时虽然提出了律师担任指定辩护的任务，却没有规定实施指定辩护的办法，其仍不成制度。1914 年，北洋政府司法部发布《核准指定辩护人办法令》，第一次对指定辩护的具体实施的基本办法作出了规定。《核准指定辩护人办法令》不仅直接阐明了实施指定辩护的目的是为了“在公判中能有充足

辩论”，同时还明确了指定辩护的范围是“应科二等以上之刑者”（死刑和无期徒刑）的刑事重罪犯，以及包括“未满 20 岁及妇女、聋哑、精神障碍者”的“无完全行为能力人”。不难看出，这一范围与现今的刑事法律援助范围具有较强的一致性；而能够担任指定辩护的是执业律师和法院、检察厅有推事、检察官资格的“练习实务员”。

南京国民政府在继承“指定辩护”的基础上，创立了公设辩护人制。1935 年南京国民政府公布的《刑事诉讼法》第 31 条规定，最轻本刑为五年以上有期徒刑或高等法院管辖第一审之案件，未经选任辩护人者，审判长应指定公设辩护人为其辩护，其他案件认为有必要者亦可。1939 年，国民政府公布《公设辩护人条例》，1940 年公设辩护人制开始施行。由于时值抗战，国土沦陷，当时的司法行政部只指定了重庆、成都、桂林为首批实行地域，然后逐年增加实施地域。抗战胜利后，公设辩护逐步扩大到全国，到 1947 年底止，共有 25 个省市实施了公设辩护人制。

关于公设辩护人制度的基本内容和公设辩护人办理案件的程序，《公设辩护人条例》和后来的《公设辩护人服务规则》都有明确规定。《公设辩护人条例》规定，公设辩护人设于高等以下各级法院所在地，其名额视该地刑事诉讼案件的繁简而定。公设辩护人在刑事诉讼案件中担任的指定辩护包括：1. 地方法院审理的本刑五年以上有期徒刑案，本人未选任辩护人者；2. 高等法院管辖的第一审案件，本人未选任辩护人者；3. 在刑事案件中，被告因无资力而申请指定公设辩护人辩护，受法院指定者；4. 最高法院命令实行辩论，被告无资力选任辩护人，申请最高法院指定公设辩护人为其辩护的案件等。在上述刑事案件中，公设辩护人和律师的任务相同，公设辩护人不得收受被告的任何报酬，并独立行使其职务。[①]

公设辩护人的特色就在于“公设”二字。这全面反映在公设辩护人的选拔、考核、待遇等方面，即公设辩护人享受国家公务员的待遇，或者说享受法官、检察官、推事官的待遇和要求。从选任上看，公设辩护人应就现任或曾任推事、检察官，现任或曾任候补推事、检察官成绩优良者中遴选；从待遇上看，担任公设辩护人的年资，视为曾任推事或检察官之年资，俸给比照推事、检察官之俸给核给；从管理上看，公设辩护人应在法院内办公，

① 参见周正云：“论民国时期的法律援助制度”，载《湖南省政法管理干部学院学报》2002 年第 10 期，第 24 页。

公设辩护人受该管高等法院院长之监督；对公设辩护人的考绩准用关于推事、检察官考绩之规定，公设辩护人如有废弛职务，侵越权限或行止不检者，若情节较重或经警告不悛，得依公务员惩戒法办理；而公设辩护人出庭时坐于律师席位，穿衣镶草绿色边的制服，戴嵌“辩”字的帽。

不难看出，和律师自由职业者的身份不同，公设辩护人是国家公职人员，享受公务员待遇。民国时期的立法者从规定律师和法院检察院的实习、学习推检同担指定辩护之职，到规定只许律师担任指定辩护，转而又规定选推、检中成绩优良者为公设辩护人，担任指定辩护。几经反复，最终意图用常设的专职的公设辩护人取代临时指定的律师，这说明指定辩护这一刑事法律援助在实践中不断总结与提高，朝着专业化的道路发展。这一变化，有利于指定辩护持久而有效开展。然而，从实施情况看，由于实施地域极为有限，人数极少，公设辩护人制无法满足现实需要。例如，当时设立公设辩护人机构最多的河南，也只有 6 处，而河南有 23 处高等以下法院；广东只有 4 处设公设辩护人，却有 43 处高等以下法院；而北京、上海、广西、福建等地也仅设 1 处公设辩护人，浙江省则 1 处未设。因此，在民国历史中，指定辩护律师发挥的作用远远大于公设辩护人。根据 1948 年长沙律师公会会长廖希化在《湖南省志稿》中记载：自民国成立一直到1947年，湖南律师公会的律师会员担任指定辩护案件1200起；而1937年秋，仅长沙地方法院开始有1名公设辩护人，直到1948年，湖南省高院才由公设辩护人辩护。

四、平民法律扶助与律师公会的作用[①]

与刑事法律援助一直由政府主导，并在制度层面不断完善不同，非刑事案件中由于经济原因不能聘请律师者，民国制度设计上没有任何救济措施，因此大多数贫民往往因无律师提供法律服务而败诉，导致律师保障人权的使命落空。

鉴于此，20世纪30年代中期，在南京、长沙等地，由当地律师协会发起的“贫民法律扶助”运动陆续开展起来，但其只是律师社团发起的法律援助活动，充其量只是一项慈善活动。例如，贫民法律扶助会只由律师公会中“同情”律师协会宗旨的律师组成，其既不是全体律师的组织，宗旨也不是每个律师必须履行的义务，只是部分律师自愿参加的活动。

---

① 参见周正云：“论民国时期的法律援助制度”，载《湖南省政法管理干部学院学报》2002年第10期，第25-26页。

直到1934年中华律师协会成立了全国性的“贫民法律扶助会”，这一局面逐渐发生变化。中华律师协会制定的《律师公会附设贫民法律扶助会暂行规则》得到了南京政府司法部的批准，并作为实施贫民法律援助基本规范。律协这一举措得到了各地律师公会的积极响应和舆论普遍赞誉：“各处律师公会附设贫民扶助会，为贫民排忧解难，皆可表现律师界维护人权，服务社会之精神，值得国人称赞。”1941年，国民政府司法部公布《律师公会平民法律扶助实施办法》，将扶助对象由“贫民”改为“平民”，并明确规定了平民法律扶助的事项包括：1. 办理民事诉讼案件；2. 办理刑事诉讼案件；3. 办理非讼事件；4. 解答法律疑问；5. 平民法律扶助的对象“以无资力负担律师酬金者为限”；6. 平民法律扶助的承担者为律师公会。自此，平民法律扶助终于在国家制度得到确认。

然而，由于中国正处于艰难的抗日年代，开展平民法律扶助面临各种困难。为了督促各地律师公会尽快订立并实施平民法律扶助办法细则，促成法律援助迅速全面铺开，从1941年9月到1943年11月，国民政府司法行政部先后四次发布训令，并下发《浙江永嘉律师公会平民法律扶助实施办法细则》，以为各律师公会制订细则的样本；又公示已经拟订平民法律扶助实施办法细则，并呈司法行政部核准施行的全国各地律师公会名单；还警告继续违延不制订细则的律师公会，将由所属地方检察院首席检察官对该律师公会的全部理事送请惩戒。经司法行政部的历年督促，平民法律扶助运动在全国逐步展开。据国民政府司法行政部从1942年到1947年的统计，先后拟送平民法律扶助实施细则的有湖南、江西、广西、广东、四川等15个省市，共81个律师公会。当时，湖南全省仅有8个律师公会，而8个律师公会都拟送实施细则，开展了贫民法律扶助活动，长沙律师公会从30年代中期开始到1948年止，曾经受理法律援助案件170余起，解答法律疑难2430余件。值得一提的是，法律援助的费用均由律师本人自负，而整个民国时期各地的法律援助费用大抵如此。

民国时期的法律援助制度实行近40年，并在实行中逐步发展。尽管存在着公设辩护人制度实施地域不广，公设辩护人人数不多，满足不了需要，作为民国法律援助主体的律师数量也少，分布不广等问题。但民国时期开展的法律扶助，不同程度地维护了民众的诉讼权利，维护了受援民众的政治、经济利益。开展法律援助，特别是律师参与民刑诉讼，在维护当事人合法权益的同时，也有利于遏制法官的司法专横，因而利于克服司法腐败，健全司法制度。法律援助作为民国时期司法制度的一个闪光点，是中国近现代法制向文明和民主发展的一个突出表现，代表了中国法制在民国时期向文明和民主发展的进步趋势。

远去的背影

——民国大状的法律援助故事

民国时期是社会转型最剧烈的时期，人们不仅忍受着制度变迁造成的社会动荡的煎熬，而且还要遭受连年的战争、自然灾害的苦难。而传统的社会保障系统瓦解，现代社会保障体系还在缓慢而艰难地构建，广大民众处于生存危机之中。尽管法律援助制度已初具规模，但无论是担任指定辩护，还是承办平民法律扶助，法律援助的成本都得由律师本人自负。律师从事法律援助完全出于其自身的社会责任感和正义感。在那个动荡的年代，法律援助没有给民国大状带来经济收入，却留给我们宝贵的精神财富。

一、与世纪同步的租界大律师——吴凯声

他是与世纪同步的法学家，他的两本法文著作被法国国家图书馆收藏；他是民国时期的外交家，曾奉派担任中国驻国际联盟全权代表，兼任驻瑞士国特派全权公使，成为第一个当选为国际劳工局副理事的中国人；他又是一名诗人，他说自己一生中最大的成绩，不是诉讼，不是外交，而是作诗；而他更是一位富有正义感的律师，关注社会底层民众，力所能及地维护小人物权益，他支持进步力量，出庭积极营救陈赓、廖承志。他就是20世纪30年代上海滩鼎鼎有名的头牌律师吴凯声。

（一）关注底层民众，义为惨死日轮小贩申冤

吴凯声，祖籍江苏宜兴，1900年出生，1920年毕业于上海仑圣明智大学，1922年赴法国留学，毕业于里昂大学，获法学博士学位。1926年，吴凯声回国后在上海法租界爱多亚路开设律师事务所，任北洋政府法律顾问，兼任上海法科大学教授，1932年加入上海律师公会，担任多个行业工会和团体的法律顾问。吴凯声是当时租界内第一位能用英、法两种语言出庭辩护的中国律师。吴凯声社交圈十分广泛，在上海滩三教九流里都有一定的影响，

他不仅与黄金荣、杜月笙、张啸林等青帮人物关系密切，而且还关注社会底层民众，力所能及地维护小人物权益，其中最著名的当属“陈阿堂案件”。

1926年8月1日，小贩陈阿堂来到日轮“万里丸”催要欠款，被日本水手毒打身亡。这桩命案引发了上海各界的强烈愤慨，都希望凶手得到严惩。没想到日轮船主却恶人先告状，污蔑陈是窃贼。日本人颠倒是非黑白的行为让整个上海滩都非常愤怒。面对扑朔迷离的案情，吴凯声受上海各路商界总联合会之托，义务为陈家提供法律援助。吴凯声以律师之职介入调查，两登日轮，三渡黄浦，反复查验。8月15日，吴于市民会上当众面询证人。十日后，证人颜字国的证词见诸报端。颜谓当日于船上亲见陈阿堂与日本船员发生口角，被日人挟入室内，关锁其中。不久，陈被该日人拖出，推入火炉间。斯时陈阿堂头被裹扎，“五官不见，四肢被缚，蜷曲如猪”。数小时后，颜字国未见陈出，恐其不测，便向码头巡警报案。次日清晨，巡捕上船搜查，日人知难掩盖，方才自告火炉间内遗有陈尸。

在汹涌舆情前，日本驻沪总领事矢田派警调查，拘禁嫌犯藤间房太郎、城户库二。当时的中国政府不愿得罪日本政府，吴凯声便直接与日本驻沪总领馆交涉。吴凯声携带证据面见矢田，谴责日船员暴行。吴凯声指出，日人残杀华民，宜当交付中国处置，赔偿死者家属，以免影响中日邦交。他还透过报纸分析此案：“按照中国暂行新刑律三三一条，杀人者处死刑、无期徒刑或一等有期徒刑。此案犯罪者，证据确凿，情节重大，处以死刑，犹不为过。”为了尽快将这桩冤案公之于世，吴凯声决定借助社会舆论的影响力。他随即在国内外的报刊刊发了一篇又一篇檄文披露案情的全部事实和真相。这一做法果然产生了很好的效果，引起了上海各界的反日高潮，超过十万民众纷纷上街请愿，工人罢工、学生罢课，要求取消领事裁判权。驻日华侨联合会代表郝兆光带着吴凯声准备好的材料前往日本华侨团体以及留学生处进行宣讲，驻法华侨联合会也将他们的声明刊发在巴黎各大报纸上，获得了国际舆论的广泛同情和大力支持。迫于舆论和民意的双重压力，上海公共租界领事法庭为了避免事件进一步升级，决定开庭审判此案。吴凯声在法庭上引用日本刑法第199条规定“杀人者处死”条款，要求法庭必须公正判决。庭议结果是上海公共租界领事法庭无法解决这桩非领事裁判权范围的案件，所以将凶手转押日本长崎裁判所进行审判。日本方面顾忌国际舆论的强大压力，最终日本水手正凶城户库二受到了两年有期徒刑的惩罚，帮凶藤间房太郎也受到了两年有期徒刑的惩罚，死者家属得到3000元的抚恤，陈的家人特以“保障民权”的匾额相赠。

（二）坚守辩护职责，成功营救陈赓、廖承志

1933 年，吴凯声又接受宋庆龄之邀，担任中国民权保障同盟义务法律顾问，并与宋庆龄、蔡元培、杨杏佛、沈钧儒共同担任民权保障同盟营救政治犯五人委员会委员。其间，他曾代理多起政治案件，其中最为有名的是营救陈赓、廖承志。

1933 年 3 月，由于叛徒王其良的出卖，陈赓兄妹、廖承志等五名中共党员先后被捕。五人因“涉嫌共产”，将并为一案，由江苏高等法院第二分院审理。作为中国民权保障同盟法律顾问和营救委员会委员的吴凯声慨然受命，出任此案辩护律师，营救廖、陈等人。在庭审中，吴凯声辩护道，捕房巡捕在陈赓兄妹住所中并未搜出任何犯罪证据，无法证明其犯罪事实。法庭不能仅凭挟私报复之人的空口诬告便定其罪。其次，陈赓来沪是为治病，此公民之自由与权利应受法律保护。最后，即使陈赓因爱国之心而有过激之论，也不为罪。因此，陈赓理当无罪释放。

陈赓审毕，廖承志、罗登贤、余文化三人又被传唤。捕房律师甘镜和上海市公安局法律顾问詹纪凤律师分别控告被告三人均为共产党，危害民国。对此指控，吴凯声不无哀痛地说道：“廖公

子是先烈仲恺先生之嗣，且仅此一子，自被捕后其母何委员思念心切，以致旧疾复发，昨已昏迷一次，今仍卧床，忍泣以对。党国有殊勋之人，而其后嗣竟遭此牵累，能不痛心？”此话一出，旁听之人无不恻然。接着，吴凯声又以何香凝之亲笔信说明廖承志确实与其同住，前日巡捕问话，未能回答，系因刺激过甚。对于王其良的指认，吴凯声则表示王、廖之间存在经济纠纷，王之诬告出自私怨，不能采信。何况除王之证词外，更无其他证据，不应据此定罪。虽然吴凯声与租界当局律师针锋相对据理力争，然而法庭最终还是决定将廖承志移交给国民党上海市公安局。吴凯声紧随囚车来到上海公安局，按照国民党当局刑事诉讼法的相关规定，被告侦询完毕应当交由辩护律师“责付”出狱，吴凯声要求将被告“责付”给律师并与当局进行交涉。在他的坚持和强烈要求下，警察局局长文鸿恩自知理亏，同意将廖承志“责付”辩护律师。吴凯声连夜将廖承志送到何香凝的住所，何香凝道谢不已，之后还绘制《猛虎图》一幅，赞誉吴凯声在法庭之上的威勇。然而吴凯声的辩护却引起当时上海市市长吴铁城的不满。廖承志开释两日后，吴凯声于一宴会中偶遇吴铁城。吴铁城质问其为何替共产党辩护。吴凯声道：“我不清楚他们是不是共产党。但作为律师，为被告辩护是我的职责。”

（三）支持爱国，为杜重远辩护

一·二八事变爆发后，国民政府与日本签订了《淞沪停战协定》，上海成为日本侵华的重要基地，上海的爱国人士纷纷对此表示不满。1933 年 5 月，积极投入抗日救亡运动的实业家杜重远主编的杂志《新生》发表了艾寒松化名“易水”的一篇杂文——《闲话皇帝》。文中谈到了日本天皇系生物学家，如果全身心投入到研究领域将会取得更大的成就等。第二天上海日文报纸认为《新生》周刊发表的《闲话皇帝》一文对日本天皇进行了侮辱。随后日本浪人在上海虹口区日租界进行了示威游行活动，同时日本外交官向国民政府提出了严正交涉和抗议，并提出了很多非常过分的要求。当时国民政府没有顶住日方的压力，竟然对《新生》杂志社进行查封。更让人愤慨的是，国民党高等法院首席检察官郑钱以对主编提出了公诉并以“侮辱友邦元首”定罪。当时的杜重远还在江西出差，闻讯火速返回上海。杜重远是一个顾全大局的人，因此他一回到家就立即将作者的原稿进行销毁，声明不知道作者的真实姓名，自己愿意承担主编责任。当吴凯声获悉杜重远为了保护写《闲话皇帝》一文的作者而承担责任后，欣然同意担任杜重远的辩护律师。

该案不久在国民政府江苏省高等法院二分院开庭，吴凯声带着精心准备和调查取证的材料与杜重远同时来到法庭。开庭之后庭长郁华质问杜重远为何将侮辱天皇的文章发在《新生》杂志上。杜重远从容回答：“文章只说到天皇是一个生物学家和学者，并没有侮辱的含义。”郁华接着问道：“对友邦元首冷言热讽是否知罪？”吴凯声立即站起来辩护道：“《闲话皇帝》一文的作者站在一名学者的立场谈论各国君主根本没有侮辱天皇的意思。按照我国宪法中的相关规定，每个公民都享有言论、出版自由。日本当局没有干涉我国公民言论自由的权利。此外该段如天皇真的全身心投入到研究领域的话将会取得更大的成就并不是讽刺而是建议。更何况发表这篇文章的时候，杜重远人在江西出差根本不知道‘易水’这个人的真名实姓、地址，甚至连原稿也找不到。不知者无罪。所以杜重远最多是承担失察的责任，完全够不上承担刑事责任……”

吴凯声在法庭上的辩护言之凿凿，有节有据，得到了上海、南京、西安等大中城市绝大部分报刊舆论的一致支持。然而在日本驻沪总领事的蛮横干涉之下，国民政府为了腾出更多的精力对付共产党而不敢得罪日本，要求法院在复审中宣判杜重远获得一年零两个月的有期徒刑，并不能再上诉也不准取保外出，立即入狱服刑。判决书结果出来之后，旁听席上表示强烈的不满，法庭内外响起了“爱国无罪”的口号。而吴凯声并没有放弃努力，他充分利用国内外舆论的有利声势，坚持与法庭进行争辩，最终为杜重远争取到了交保就医的权利。

二、打富济贫的民国大状——王龙[①]

他与李克农是同班同学并结为兄弟，曾经在日本参加爱国学生运动而被日本警察押送回国；他曾经担任法官，却因为保护进步青年被撤职；他开办了自己的律所，取得成功，购买了福特、雪铁龙汽车，然而在律师生涯中始终坚持打富济贫的理念，为无辜受害的老百姓主持公道。他就是打富济贫的民国大状——王龙。

（一）分文不取，为造假少年开罪

王龙，字天瑞，生于1901年，安徽省巢县（今巢湖市）人，1916年在芜湖惜阴学社读书。1922年毕业于南京法政大学，1923

---

① 参见程堂发：“‘打富济贫’话民国大律师王龙”，载《检察风云》2000年第6期，第66-68页。

年留学日本。因对日本政府不满，参与了要求收回旅顺、大连租借地和废除“二十一条”的爱国学生运动，被日本警察押送回国。1928 年被江苏省地方临时法庭招聘，开始从事司法工作。国民政府在南京成立，王龙由于学识渊博，精通法律，被临时法庭招聘，担任了审判官，后因保护进步青年被撤职，萌生了当律师的愿望，并开办了自己的律师事务所。

王龙当律师的信条是为民打富济贫，经常不收分文，义务辩护，为无辜受害的老百姓主持公道。当时南京的《民国日报》《朝报》常有王龙律师的陈词和精辟的文章，读来令人振奋，慷慨激昂，字里行间蕴含着王龙对平民百姓的朴素感情。王龙当律师十多年，办理了众多的大案要案，在民国南京律师界名声大震。王龙办案特点是：面向老百姓，免费法律咨询，离婚案不办，土豪劣绅、达官贵人的案件不办。

1933 年王龙在南京夫子庙大戏院对面开有王龙律师事务所，充实了律师队伍，一时间律师业务非常兴旺。有时老百姓排成队前来咨询，还有知名人士、高级官员前来求助法律意见，如国民党高级将领张治中因家中房产诉诸法律，专程来南京找到王龙咨询。张治中为表达感激之情，还送给他一对鹿角。1934 年长江路美术馆举办画马大师徐悲鸿个人画展，开幕式那天，国民党高级官员、文化界知名人士和书画界名流均来捧场。在画展中，有一幅画被当时文化局长张道藩和徐悲鸿夫人蒋碧薇看出破绽：从一枚图章上看出马并非出自徐悲鸿之手，图章是伪造的。当时南京有一青年任仲年画马最好，时年18岁，非常喜欢徐悲鸿画的马，被蒋碧薇怀疑，不久，向首都地方法庭起诉，认为任仲年以假乱真盗用徐悲鸿画的马。开庭时，任仲年委托王龙出庭辩护，王龙经过调查，认为任仲年尚不满18岁，从小热衷画马，崇拜大师徐悲鸿，其目的是想以假乱真，显示自己的才能，并非偷盗徐悲鸿的画，不构成犯罪。法官当庭合议，宣告任仲年无罪，当庭释放。

（二）痛斥卖国，为刺汪青年辩护

王龙一直思想进步，同情革命，多次掩护和援救中国进步人士及前苏联人士，即使在横暴屠杀的魔掌下也设法营救进步人士免遭杀害。1926年，他掩护过芜湖中共负责人李克农、章朗青等十余人脱险。1928年国民政府在南京成立了江苏省地方临时法庭，王龙由于学识渊博，精通法律，被临时法庭招聘，担任了审判官，由进步人士史良充当书记员。该法庭主要审判共产党人案件。法庭在成立不久，史良被人控告为“反动”分子，逮捕法办，由王龙直接审判。审理中王龙经过大量调查，以证据不足宣告史良无罪，当场予以释放。由于王龙及庭长刘云昭均思想进步，倾向革命，痛恨土豪劣绅，同情青年学生，好多进步青年和革命党人受到他们的保护。

在王龙的律师生涯中，最有名的辩护案莫过于为震惊中外的“刺汪案”中的被告余立奎辩护。余立奎原属军人，因失业加入王亚樵等组织的暗杀团体，活动于京沪一带，专刺国民党中央重要人员。余于 1931 年刺杀财政部长宋子文，误将随行秘书长唐腴庐击毙。后由华克之为首组织南京晨光通讯社，其中有张玉华、贺坡光、孙凤鸣、刘书容等记者，作为暗杀之掩护机关。华克之又到香港与王亚樵、胡大海、周世平商议，曾计划于国民党四届五中全会时，由孙凤鸣实施行刺。其后两次行刺未成功。1935 年 11 月 1 日又借中央党部举行四届六中全会之际，再由孙凤鸣行刺，结果孙一举成功，将汪精卫枪伤，孙凤鸣当场被卫兵击伤后死亡。华克之、张玉华、贺坡光、刘书容等人先后被抓获。在开庭时，王龙义正词严。他说，汪精卫如无卖国行为，被告余立奎和他们无冤无仇，刺他做什么？而当他们有卖国行为，那就人人得而诛之！这一段辩词引得法庭观众的喝彩。法官哑然失色，无言以对，借话题解脱。

三、爱国女律师——郑毓秀

她出生于封建官吏家庭，却加入了同盟会；她曾先后参与了刺杀载沣、袁世凯的行动，后来又走上留洋学法之路，她是中华民国第一位女律师，她就是郑毓秀。

郑毓秀 1891 年出生于一个晚清封建官吏家庭，1905 年前往天津著名的教会学校接受系统的、正规的西方文化教育，1907 年她留学日本并且受到孙中山反清革命思想的熏陶。随后，在廖仲恺的介绍下加入同盟会，正式成为同盟会会员。1914 年袁世凯下令要通过暗杀铲除郑毓秀，所以她不得不离开中国，前往法国，在索邦大学学习并于 1917 年取得硕士学位，1924 年她在巴黎大学取得博士毕业，是中国历史上第一个法学女博士。按照当时的规定，律师应为中华民国之满二十岁以上之男子。郑毓秀对当时中国的司法制度进行了深入研究与分析，她认为自己已经获得了法国律师执照，因此完全有资格在上海法国租界内法庭担任律师工作。于是她与丈夫在上海的法租界成立了一家律师所，她也成为第一名中国女性律师。

随着受理的案件与日俱增，郑毓秀也成为当时响当当的大律师。例如当时轰动一时的梅兰芳孟小冬离婚案，孟小冬就聘请了郑毓秀作为她的代理人进行调解，最后以梅兰芳支付孟小冬四万元宣告结案。这使得她在律师界声名鹊起，她的案件诉讼费也已达到万元以上。据说她仅仅代理一桩房屋拆迁案件，诉讼费就等于上海大赛马的一个头等奖。[①] 然而，在郑毓秀看来，律师所并不是一个纯粹的赚钱营利机构，当北伐军即将兵临上海之时，北洋军阀政府将二十余名国民党员逮捕。郑毓秀借助自己法律学识在法庭上展开了激烈的辩论，成功地将他们引渡到法租界保证了他们的生命安全。1926年，中国人权运动先驱、社会活动家杨杏佛教授在上海被当局逮捕，郑毓秀又多方活动向政府施压，使杨杏佛得以被释放。

---

① 参见吴娜、吴政："民国爱国律师郑毓秀的传奇人生"，载《兰台世界》2013年第34期，第125页。

为战犯辩护

——“共和国审判”中的指定辩护律师

抗日战争胜利后，国民政府曾对日本战犯本着宽大的原则进行过审判，但是由于二战后美苏之间冷战的蔓延以及中国内战的缘故，日本战犯问题并没有得到彻底解决。中华人民共和国成立后，中国仍关押着日本战争犯罪分子 1109 人。经过几年的调查，1956 年，中国政府将 1017 名战犯宽大处理，免于起诉，立即释放，同时在沈阳和太原成立特别军事法庭，分 4 批对 45 名情节严重的战犯开庭公开进行审判，史称“共和国审判”。

在法治建设刚刚起步的当时，为充分保障战犯作为被告人的权利，让审判真正地做到公正、文明，特别军事法庭聘任了三十多名律师为被告人进行指定辩护。尽管面对的是欠下中国人民累累血债的战犯，律师们仍然坚守着自己的职业品格和人道主义精神，认真为战犯辩护，赢得了举世尊重。

一、“共和国审判”的由来

1945 年 8 月 15 日，日本无条件投降，苏联红军将在我国东北俘虏的 60 万名日本战俘羁押回国。至 1949 年末，苏联通过调查、审讯，从中甄别出 3000 余名侵华战争的战犯，对其中 2000 余名经过审判后判刑，尚余近千名战犯羁押在海参崴和伯力的战犯收容所里。新中国成立后，1950 年初，毛泽东、周恩来在访苏期间，与苏联商定了移交尚未审判的日满战犯事宜。1950 年 8 月 18 日，在中苏边境的绥芬河车站，苏联将 969 名日本战犯及审讯材料移交我国，其中包括伪满洲国国务院总务厅长官武部六藏、原侵华日军 59 师团中将师团长藤田茂等人。8 月 1 日，运送第二批 260 余名伪满战俘列车驶抵绥芬河车站，其中就包括伪满洲国的“皇帝”溥仪。接受移交后，这些战犯全部关押在抚顺战犯管理所。[①]

① 参见王和利，张家安，赵兴文：“特别军事法庭在沈阳审判日本战犯始末”，载《江淮文史》2001 年第 1 期。

而同样是在日本投降后，山西地方军阀阎锡山为了对抗日益强大的人民军队，秘密地与尚在山西境内的日军达成协议：将投降后的日本军人编成部队，置于山西军的编制下；阎锡山为“残留”下来的日军提供优厚条件，军人全部给予军官待遇，在原级别上提高三级。不久后，“残留”日军大摇大摆地出现在光天化日下，并明火执仗地加入阎锡山的军队参加战争。随着解放战争的胜利发展，“残留”日军被击溃，除去遣返回日本的以外，共有700人被俘被捕，后甄别出战犯128名，当时多数关押在太原战犯管理所。这两部分战犯共1109名。后在关押期间因病死亡47名，到1956年4月人数为1062名。其中，将级或相当于将级的31名，校级或相当于校级的210名，尉级以下的821名。他们都是在日本侵华战争期间对中华民族犯有累累罪行，使中国人民的生命、财产遭受巨大损失的战争罪犯。[①]

新中国成立不久，就开始了处理在押的日本战犯的工作，曾在北京、长春、旅大、哈尔滨、抚顺等地搜集到罪证4000多件，但由于抗美援朝战争爆发，致使调查日本战犯的工作特别是东北

① 参见孔繁芝，张瑞萍：“山西太原对日本战犯的两次审判（下）”，载《山西档案》2008年第1期。

地区的调查工作受到严重影响，被迫停止下来。1953 年朝鲜战争结束后，根据中共中央的决定，最高人民检察署从公安部公安学院和各省、市、自治区检察署调集了大批干部，组成最高人民检察署“侦查日本战争犯罪分子工作团”（为对外保密，简称“东北工作团”）。经过两年多艰苦、细致的侦查工作，“东北工作团”完成了对在押日本战犯的侦讯工作。每个战犯的案卷内，都有详细的审讯笔录，自写的书面笔供，同案犯的检举材料和复制的日伪档案、报刊等罪证。侦讯工作的顺利结束，特别是日本战犯思想认识的转变，为即将进行的审理打下了良好的基础。

二、特别法——审判日本战犯的法律依据

侦讯工作结束后，审判工作被提上日程。在制定具体的处理日本战犯的政策上，中国政府非常慎重。1955 年 12 月 28 日，中共中央政治局会议讨论作出了对在押日本战犯的处理意见：宽大处理日本战犯，不判死刑和无期徒刑，极少数判有期徒刑。同时，经过充分酝酿和广泛征求意见，1956 年 4 月 25 日，全国人大常委会第三十四次会议通过《关于处理在押日本侵略中国战争中犯罪分子的决定》（以下简称《决定》），为审判日本战犯提供了直接的法律依据。《决定》解决了三个重要问题：一是明

确了宽大处理的原则，即“对于次要的或者悔罪表现较好的日本战争犯罪分子，可以从宽处理，免予起诉”；“对于罪行严重的日本战争犯罪分子，按照各犯罪分子所犯的罪行和在关押期间的表现分别从宽处刑”；“处刑的罪犯在服刑期间如果表现良好，可以提前释放”。二是明确了审判机构，即“由最高人民法院组织特别军事法庭”。三是明确了审判程序，并特别强调：“被告人可以自行辩护，或者聘请中华人民共和国司法机关登记的律师为他辩护，特别军事法庭认为有必要的时候，也可以指定辩护人为他辩护”。

按照《决定》要求，1956 年 5 月，最高人民检察院分 4 案对关押在我国的 45 名日本战犯，向最高人民法院特别军事法庭提起公诉。一案是在侵略我国的战争期间，破坏国际法准则和人道原则，犯有屠杀、刑讯、虐待、奴役我国和平居民和被俘人员及其他严重罪行的，即前日本陆军 117 师团中将师团长铃木启久等 8 名前日本陆军系统的被告人。一案是前日本职业特务分子，长期在我国从事特务、间谍活动的“富永机关”的首脑，被告人富永顺太郎。一案是在侵略我国的战争中犯有严重的战争罪，后又帮助阎锡山打内战的日本高级军政人员城野宏等 8 名被告人。一案是操纵伪满洲国政权，对我国东北人民实行残酷殖民统治的伪满洲国高级官员武部六藏等28名被告人。[①]

1956年6月9日至10日，最高人民法院特别军事法庭分别在沈阳和太原开庭审判日本战犯。

三、超越仇恨的任务

在准备起诉和审判工作的同时，另一项工作也在紧锣密鼓地进行中，那就是依照《决定》第4条的规定，为被告人寻找适当的辩护人。在新中国律师制度尚未建立的当时，司法部已经从全国邀请社会名流，从高等院校中的北大法律系、人大法律系、北京政法学院（中国政法大学前身）、中央政法干部学校抽调部分专业教师，同时又从上海、北京、沈阳、长春、哈尔滨一些大中城市法律顾问处抽调部分专职律师来承担这项工作任务。

然而，在接到辩护任务的开始，很多人内心是抵触的，一方面当时抗战刚刚胜利，很多人目睹了日军的暴行，内心充满了对日本战犯的仇恨。一名法律顾问处推荐参加辩护工作的一位律师，难以克服自己的仇恨情绪，一直拒绝担任日本战犯的辩护人，不

---

① 参见靳伟华："李放：出庭公诉日本战犯"，载《检察风云》2009年第19期。

得不让其中途退出。另一方面很多人都担心给日本人当辩护人会不会引起国人的误解和指责，甚至被扣上“汉奸”的帽子。当时沈阳法庭律师团团长王敏求就曾收到很多群众来信，信里责问：“你们是吃中国人的饭，却给万恶的日本帝国主义法西斯分子辩护，你们的中国人的立场跑哪儿去了？”然而，很多人也明白，在这样的法庭上必须要有律师参加，才能最大限度地保证审判的公正和文明，而不是成为以义愤办事的“胜利者审判”。

为了帮助律师们克服仇恨情绪，司法部将参加辩护工作的人员集中起来，在北京西山卧佛寺共同食宿，学习讨论全国人大常委会的《决定》，消除思想障碍，进一步明确国际国内形势，增强社会主义法律意识，正确掌握《决定》精神，搞好辩护工作。更为重要的是，作为当时法律界的精英，很多人都迅速冷静下来，他们清楚地认识到，法律追求的是公正，而不是“大快人心”。判决的公正建立在程序公正的基础上，在定罪之前，即使面对恶魔，法律也将给他公正的对待，提供充分的辩护。超越了自己的仇恨之心，律师们认真地投入到辩护的准备工作中。

四、如何辩护？

在拿到战犯笔供的时候，同样的难题摆在律师们面前，就是如何为这些罪行深重的战犯辩护。尽管很多人已经有在普通刑事案件中担任辩护人的经历，但普通刑事案件，无非是犯罪事实有没有问题，起诉罪行成立不成立，认罪态度怎样等等。而在这些案件中，检察机关已经做了大量的工作，不仅有物证还有人证，证据都非常具体而真实，从事实和证据上根本无法切入进行辩护。

在辩护的准备过程中，律师们逐渐找到了辩护的切入点：一是当时的司法部律师司司长王汝琪传达了上级指示，这些侵华日军战犯本身也是日本军国主义的受害者。从这个思路出发，同时借鉴东京审判和伯力审判的辩护意见，律师们纷纷在辩护词中指出，作为军国主义制度的一部分，他们个人只是顺从国家意志。他们的犯罪行为尽管有个人的主观恶意，但更多的是一种日本帝国主义侵略中国的罪恶政策下的国家行为。二是通过和战犯们的会见，律师们深刻感受到经过几年的改造教育，战犯们已经充分认识到了自己的罪行，并愿意用余生来弥补自己的罪过，认罪态度也是一个十分重要的辩护点。

律师们的准备发挥了重要作用。在庭审中，他们有的从犯罪情节方面，有的从认罪态度方面，有的从被告人所处的社会环境和所受的教育方面，为被告人进行了辩护，建议法庭从宽量刑。铃木启久、藤田茂、佐佐真之助的辩护律师徐平还指出，他们三人虽然都是日本陆军的高级指挥官，但重大的作战行动必须受前线最高司令官的指挥，且他们三人认罪态度较好，建议法庭从宽处理。岐部与平的律师张世铮就犯罪情节提出了辩护意见，指出岐部与平在承认自己犯有推行开拓政策、驱逐中国农民、抢占中国土地这项罪行时，曾供述过在间岛省安图县抢占的十二万余公顷的耕地和山林中，包括有一部分是“满洲国”开拓总局掠夺的山林和荒地，希望法庭在认定被告人的罪责时加以注意。

针对辩护的意见，公诉人和辩护人在庭审中展开了辩论。公诉人指出罪犯由于主观能动作用所犯下的严重罪行，在法律上是不能推卸其应负的罪责的；他们只是在长期的人道主义感召下，在确凿证据的指控下，才不得不低头认罪。辩护人又再次发言，直到双方都表示没有意见时，审判长才宣布辩论结束。

法庭最后以违反和平罪、战争罪和违反人道罪、间谍罪等分别判处 45 名战犯 8 年至 20 年有期徒刑，没有一个死刑，也没有一个无期徒刑。

五、感动的战犯

律师们的表现维护了法律的尊严，为自己赢得了尊重，获得了战犯们的感动。曾担任关东军师团长，长期在河北镇压抗日武装，制造“鲁家峪惨案”“刘备寨惨案”等多起血案的凶手铃木启久，在最后陈述中说：对自己的残暴行为，起初曾企图隐瞒，但在中国人民对我人道主义待遇的感召下，启发我进行了反省，认识了自己犯下的罪行。根据我的罪行，我在法庭上本无辩护的余地，但是，法庭给我指定了辩护人，还告诉了我在法庭上的权利。我感谢中国人民，我诚恳地谢罪。

富永顺太郎，日本特务机关骨干，在“华北交通株式会社”任职期间以路警的名义对旅客，当然也对一般沿线居民进行了不可计量的不法行为，后来路警完全成了对人民的暴力打压工具。在审判过程中，他认为自己可能会被判处死刑，但对于中国政府5年多提供的公正审判等良好待遇仍然感激不尽，在法庭上他说：“我按时间是20多年，按地区是中国全境，按性质是令人憎恨的罪恶很大的特务活动，惨无人道的事实数不尽，使很多人失去双亲、丈夫、妻子，至今仍不能消除他们的悲哀。对我这样有严重罪恶的人犯，不但给予教育和优厚的待遇，而且还从上海等地请来了辩护人为我辩护，我内心很感谢。辩护人指出我的犯罪根源与日本帝国主义的侵略战争政策和上级的指示命令有关。这是事实，但当时的我，没命令也会去做，也会再三想办法请上级下命令，同时所下的命令要以两倍三倍的要求去完成。我的罪恶是没有辩护的余地的。但辩护人从对我一点一滴的有利方面为我辩护，真是梦想不到，内心感激不尽。所以经中国人民的教育，今天苏醒了良心的我，找不出对我轻处的理由。拿我几十条生命也补偿不了我的罪恶，判处死刑也是愉快接受的。我如果失掉生命，让我的儿子、孙子不要再踏上他父亲、祖父的道路。这是我的遗言，请转告他们。如允许我活下去，要将我的余生，坚决地向驱使我犯罪的日本帝国主义战斗，中国人民叫我干什么我就干什么，以赎我罪恶的万分之一。”[①] 他说这些话的时候，几次哽咽，两次落泪。

沈阳、太原审判后，日本及国际上一些权威人士评论说：新中国审判日本战犯，创造了国际审判战犯史上的一个成功的奇迹。鉴于尚在服刑的日本战犯认罪服法，改造表现较好，1964 年 3 月，中国政府决定对全部在押服刑的日本战犯予以特赦。这些战犯回到日本后，为真心赎罪，成立了“中国归还者联络会”，以站在人道反省立场上，反对战争，贡献于和平和中日友好为目的。该组织开展了许多反对日本军国主义复活、否认侵略战争以及增进中日友好的活动，对日本人民了解中国，对中日两国关系正常化起到了不可替代的作用。

---

① 参见陈泓口述，章涟漪整理：“中国审判，让日本战犯心服口服”，载《台声》2014 年第 8 期。

新中国法律援助制度的诞生

没有法治，就没有法律援助，但是有了法治却不一定有法律援助。几千年的古代中国孕育了富有特色而又充满智慧的法制文化，也出现了具有法律援助特征的法律服务，但却始终未出现制度化的法律援助；近代中国随着民主共和的建立，逐渐形成了公设辩护、平民法律救助等体系化的法律援助，但在制度层面，仍未形成统一的法律援助制度，而在实践层面，其覆盖面过小，只局限于沿海和大城市，与广大的内地和农村地区关系不大。中华人民共和国成立后，法律援助制度并没有在社会主义法制建立之初就得以确立，直到改革开放之后，随着物质文明和精神文明的大发展，法律援助制度终于破茧而出。

一、失之交臂的立法

中华人民共和国成立后，律师制度又重新建立起来，随着律师作用的不断发挥，有关法律援助的一些基本内容在有关法律法规中已有体现。1954 年《宪法》将“被告人有权获得辩护”写入宪法，而同年颁布的《人民法院组织法》在规定被告人的辩护权时，规定了人民法院认为有必要的时候，也可以指定辩护人为被告人辩护。1956 年司法部发布的《律师收费暂行办法》等文件也规定了律师免费或减费给予法律帮助的具体案件范围。

同时，随着对旧律师的取缔，国家开始组建新型律师队伍，当时把律师叫作公诉辩护人。1954 年，中央人民政府司法部决定在北京、上海、南京、武汉、沈阳、哈尔滨等大城市开展律师工作。1955 年开始，全国各地 33 个市、县都开展了律师工作，逐步建立起律师队伍，共有律师 158 人。1956 年 1 月，国务院正式批准了司法部提出的《关于建立律师队伍的请示报告》，该报告对律师工作机构、性质、任务、任职资格等问题做了明确规定。1957 年上半年，司法部完成《律师暂行条例（草案）》，新中国律师制度顺利发展的局面初步形成。律师制度的建立为法律援助的实施提供了坚实的支持。在天津，自1955年底成立了第一个法律顾问处后，短短两个月时间，共接待了来访群众1805人，并根据法院指定出庭为刑事被告人辩护20件。在上海，上海市律师协会筹备会成立。其法律顾问处办公仅仅18天的时间内，完成法院指定辩护56人。

在当时的历史条件下，这些规定和实践虽然对于依法保障当事人的合法权益发挥了积极作用，但毕竟不是法律化、制度化的法律援助。而随着大规模反右运动的开始，律师依法执行职务，特别是为刑事被告人辩护受到指责，被扣上了“为犯罪分子鸣冤叫屈、开脱罪责”“丧失阶级立场”的帽子。有相当多的律师仅仅是曾经担任过刑事被告人的辩护人而被划为右派，受到打击，导致刚刚萌芽的律师制度很快夭折。《律师暂行条例(草案)》经过讨论也没有成为正式的国家法律。

二、重新萌芽的种子

“十年文革”对民主政治建设的打击是毁灭性的，中国共产党第十一届三中全会的召开，特别是随着“有法可依、有法必依、执法必严、违法必究”指导思想的确立，社会主义法制也迎来了春天。改革开放不到20年，全国人大和常委会制定法律和有关法律问题的决定310件，国务院制定行政法规750件，有立法权的地方人大制定地方性法规5300多件，以宪法为核心，以基本法律为基础的部门法和行政法规为主体的社会主义法律体系不断完善，人们的政治、经济、文化和社会生活与法律的联系日益密切。在法学界，一大批法学人才脱颖而出，法学知识、法治思想被介绍给国人，让广大的中国人认识到法治为何物，法治的重要性；向来被批判的所谓资产阶级的“人权”观念也开始被接受，中国人的权利意识开始复苏，也开始呼吁权利，开始利用法律手段维护自己的合法权益。中国人对法治的认识、了解超过了以往任何时代。在实务界，与司法机关的恢复重建几乎同步，律师制度于1979年恢复，而随着律师制度的不断发展与改革，适应中国特色社会主义法制体系和市场经济的律师制度也得以建立：律师和律师事务所脱离行政体制，律师成为具有自由职业者性质的法律服务提供者；实行公开的律师资格考试，律师群体成为一个开放的，同时又是专业化程度很高的职业队伍。特别是1993年深化律师工作改革的方案实施后，大大缓解了律师队伍的数量、素质与市场经济发展对法律服务的需求不相适应的矛盾。

与此同时，随着近20年不断推进的经济体制改革和对外开放，社会主义市场经济体制不断完善，生产力也取得了长足的发展，社会物质财富得到了充分的累积。然而，衡量一个国家文明发展程度的指标，不可能是单一的经济发展数字。相对经济的高速发展，社会的发展程度较为滞后，具体到社会保障事业以及对于贫弱残疾等社会特殊群体的权利维护上，就出现了一些经济困难的公民请不起律师，无法依法维护自己合法权益的问题。时任司法部长的肖扬于1996年曾在一次谈话中指出了这一问题[①]：我国宪法明确规定了“公民在法律面前一律平等”的原则，如果公民由于经济困难不能取得法律服务，不能依法维护自己的合法权利，那么宪法的这一原则就势必是一句空话。马克思主义的基本原理之一，就是要实现共同富裕，但是，实现共同富裕的途径和过程，必须经历一个较长时期的“让一部分人先富起来，以先富带动后富、最后实现共同富裕”的发展阶段，这也是我们党的最终奋斗目标之一。但是，物质财富与司法正义是两个截然不同的范畴。公民可以由于主客观条件的差异而有先富后富之分；而司法正义与财富的平等不同，不能让

---

① 参见张耕主编：“中国法律援助制度发生的前前后后”，中国方正出版社1998年版，第7页。

一部分人优先得到法律的保障，而让另一部分人被法律所遗忘。如果有一部分公民因为经济收入的悬殊而不能平等地获得法律服务，那么我们的“法律面前一律平等”的宪法原则又何以实现呢？

观念的种子，已然生根发芽。

三、地方与民间的实践

在中央层面正式提出法律援助之前，早在1990年代初，一些大中城市就在官方的文件中提出“法律援助”的概念，而在律师群体中，法律援助的实践也早已悄然开始。

1984年，河北省三河县农民因抵制违法占地，受到地方个别党政领导和有关部门的压制，1人死亡，5人被捕。北京市的杨炳芝、李梦福等6名律师同情农民所受的冤屈，毅然决定免费承接该案，为农民维权。尽管案情复杂，但在律师们的坚持下，历时10年经过一审、二审、申诉，受害者的权益终于得到了法律的保护，充分展现了法律援助的效果。

在这样的背景下，一些地方开始探索通过机构或群体的力量来提供法律援助。法律人才集中、理想主义高扬的高校成为社会组织提供法律援助的先驱。1992年5月，武汉大学成立了“社会弱者权利保护中心”，中心以亮出“以最优秀的律师，义务为最需要帮助的人依法提供优质服务”的宗旨，迅速成立起一支由 40 名法学专业大学生和研究生组成的青年志愿者服务队伍。在不到 4 年的时间里，青年志愿者们共代理诉讼 200 起，解答法律咨询 6000 余人。

无论是个人还是机构的探索，都充分显示出律师作为法律援助承担者的巨大作用，这引起了作为律师管理机构的司法行政部门的注意。1993 年，广州市司法局率先在正式文件中提出“法律援助”，并明确提出“建立法律援助制度”和“设立法律援助基金”。第二年，广州市司法局出台《法律援助基金使用管理办法（试行）》，要求凡在广州市登记注册的律师事务所和律师均有交纳法律援助基金和参与法律援助的义务。值得一提的是，广州市明确了参与援助的律师和律所可以预支一定的办案费用，结案后从律师管理处领取律师费的模式，改变了完全依靠律师“个人奉献”的局面。经过 3 年的探索，1995 年，广州市率先成立全国第一个由政府批准设立的法律援助中心。1994 年，中国司法部开始了法律援助的试点工作，全国多个城市开始了法律援助的实践，其中不仅包括北京这样的东部大城市，也包括银川、西宁这样西部欠发达地区的城市。随着市一级法律援助探索的逐渐成熟，一些省份开始了构建省域范围内法律援助制度的探索。1996 年，安徽省发出了《关于建立法律援助制度若干问题的通知》，提出了全省法律援助的计划和详细方案。而四川则于 1996 年 5 月组建成立了全国第一家省级法律援助机构——四川省法律援助中心。

四、仍然激烈的争论

在司法部的积极推进下，法律援助试点工作在全国各地迅速展开。自 1994 年开始到 1996 年底，在不到三年的时间里，已有北京、上海、安徽、四川等八个省级以及武汉、广州、成都、衡阳等二十多个城市开展了法律援助工作，其成效有目共睹，但对于将法律援助上升为国家制度，彼时仍然充满争论。

争论之一：建立法律援助制度是否合乎当时的国情。很多人从当时的国情特别是国家的经济情况出发，对法律援助制度持反对意见。很多人认为在中国搞法律援助不切实际，不符合国情。小规模地搞一搞，分散地、自发地进行一些法律援助，可以提倡，可以建立一项法律援助基金给办理法律援助案件的律师一定补贴，奖励在法律援助中有突出表现的律师，让法律援助自主生存，自由发展。不要不顾客观条件，一味贪大求全，追求速度。

这种声音首先来自司法行政部门内部，在司法部组织的首届全国法律援助理论研讨会上，很多代表就提出：“广州、上海、北京三个地方在开展法律援助工作试点中都取得了很大的成功，积累了宝贵的、丰富的实践经验，是全国学习的榜样。但是，这里也有一个问题，就是好的事情未必一定能够办好，良好的愿望要化为现实还有一定的距离。法律援助工作要在中国全面推行，这里面要处理好务虚和务实、长远目标和短期目标、可行性和可能性、提倡和规定的关系。我们现在搞法律援助，没有人说不好，但是好和做是两回事。法律援助立法可以一路绿灯，但是法律援助从机构到人员到资金各方面都存在一系列问题。尤其是在贫困地区，很多人的温饱问题还没有解决，地方财政有限的资金肯定将会被用来优先投放在解决温饱的领域内、发展经济的领域内而不是去搞什么法律援助，比如说，作为地方的领导，他是把钱花在为群众修公共设施呢，还是把钱花在法律援助上，花在帮一个穷人（他可能还没有解决温饱问题）打官司请律师上呢？答案是显而易见的。”①

而在律师界，反对的声音也不小。在《律师法》的起草过程

① 参见张耕主编：《中国法律援助制度发生的前前后后》，中国方正出版社 1998 年版，第 179 页。

中，就有人对将法律援助写入《律师法》草案持反对意见，认为中国是一个发展中国家，经济还很不发达，还有几千万的贫困人口，如果将法律援助写入《律师法》，则将会给我国刚刚起步不久的律师业带来很大的影响，给律师带来沉重的负担。对于我国刚刚进行改革的律师制度的发展极为不利。

赞成在中国搞法律援助的同志认为，在中国搞法律援助，不是早了，而是晚了，不是不符合国情，而恰恰是社会主义初级阶段国情所必需的。正因为中国是发展中国家，经济还很不发达，还有很多人没有解决温饱问题，因而社会更需要法律援助。法律援助是为穷人提供服务的，如果中国没有穷人，那还搞什么法律援助？贫穷不是推卸责任的借口，而是搞好法律援助工作的需要。目前，世界上有很多发展中国家也都建立了法律援助制度，为什么同样是发展中国家的中国不能建立这项制度呢？更何况，中国有句古话，叫“不患贫，而患不均”，在改革开放、建设社会主义市场经济的今天，如何处理好先富与共富，如何协调效率与公平的问题，也提出了健全社会保障机制、完善社会保障体系的要求，提出了为贫者弱者伸张正义的需要。

争论之二：是否应当设立专门的法律援助工作机构。时任司法部长的肖扬提出了一种四级构架、两种职能的形式，即在中央一级设立三个机构：一是国家法律援助委员会，作为全国最高法律援助工作的领导机构，从宏观上统一规划、指导和协调全国的法律援助工作。委员会由公、检、法、司、民政及工、青、妇等相关部门及司法部有关业务司、局的成员构成。二是国家法律援助中心，这是一个具体行使国家法律援助管理职能的事业单位，在国家法律援助委员会的领导下开展工作。三是中国法律援助基金会，为开展法律援助工作筹集资金，运作、管理资金使之增值，以增值部分重点扶持贫困地区的法律援助工作。在省一级地方不要求与中央的机构设置完全一致，但应建立法律援助管理机构，也可称法律援助中心，在业务上接受国家法律援助中心的管理指导，对所辖区域内的法律援助工作进行管理、指导。省级地方是否建立法律援助委员会和法律援助基金会，由各地方自行决定。在地、市一级地方设立法律援助中心，兼具管理和实施法律援助工作两项职能，其援助职能可以辐射到所辖区、县。县、区一级地方可以不要求必须设立专门的法律援助机构，不具备成立法律援助机构条件的地方，由县、区司法局行使法律援助机构的组织管理职能，依托现有的律师事务所、公证处和基层法律服务机构开展法律援助工作。除了司法行政系统的法律援助主力军以外，还应当鼓励社会开展法律援助工作的积极性，积极支持和协助各级妇联、工会、残疾人联合会等社会团体，以及大学的法律院系组建法律援助机构，开展力所能及的法律援助工作，但应当纳入司法行政机关法律援助机构的统一管理、协调和指导，以确保全社会的法律援助工作健康发展。国家法律援助中心和省级地方的法律援助中心是管理机构，主要行使对全国和省级区域内的法律援助工作，包括社会法律援助工作的组织、管理、指导、协调和监督职能，也可以适当办理一些在全国和地方影响较大、下级地方法律援助机构办理困难的援助案件。①

对此，不同观点之一认为，没有必要单独设立一套从上至下的机构系统，完全可以依托现有机构，即律师管理部门、公证管理部门和基层法律服务管理部门，在司法行政部门的统一组织和协调下，开展法律援助工作。不同观点之二认为，县、区一级也应设立专门的法律援助机构，原因在于：首先，法律援助机构要行使政府职能，从上至下都必须有统一的机构，如果没有县一级的法律援助机构，法律援助工作到下面就断了线。其次，基层的法律援助任务很重，大量的法律援助案件基本上都集中在县、区

① 参见张耕主编：《中国法律援助制度发生的前前后后》，中国方正出版社 1998 年版，第 145-146 页。

一级，如果在县、区一级不设立专门的法律援助机构，则工作起来困难很多。不同观点之三认为，将社会力量纳入法律援助机构的统一管理、协调和指导，在理论上缺乏论证，在实践上行不通，原因在于各级工会组织、共青团、妇联、残联等组织各有自己的管理体系，这些组织开展的法律援助工作本身尚需界定，对其管理、协调和指导就更待研究了。[①]

争论之三：采取什么样的法律援助工作模式。经过两年多的探索和实践，法律援助形成了以北京、上海浦东、广州、郑州为代表的模式，四种模式各具特色，各有优缺点。北京市没有设立法律援助中心，只是在北京市律师协会下设立“北京市法律援助基金”。而在运作模式上，实行“分散受理，事后审查”。法律援助申请的受理、审查、批准、实施都由各律师事务所自主决定、分散进行。北京模式的优点在于方便、灵活，易于推行，特别是在法律援助制度的初创时期，比较有利于工作的开展，易于取得成效。但该模式最大的缺点是法律援助的标准不统一。每个律师事务所（实际是律师）在审查法律援助申请时，

① 参见张耕主编：《中国法律援助制度发生的前前后后》，中国方正出版社 1998 年版，第 179 页。

都有一套自己的标准。当事人很有可能在一个律师事务所得不到法律援助，而在另一个律师事务所可以得到，这样，原本为解决经济不平等的当事人获得平等法律保护的法律援助制度在此产生了新的不平等。

上海市浦东区法律援助计划由市司法局组织实施。成立有专门机构，有专人值班，在当事人有法律援助需求时，有明确具体地方寻求援助。律师值班，对一些简易的咨询、代书，可当场决定并完成援助事项，比较方便、快捷。区属各律师事务所的律师根据法律援助中心的指派，每年至少办理法律援助案件一件，从行政管理的角度保证了律师参与法律援助。另外，各律师事务所可自行、直接受理法律援助案件，给予了律师事务所和律师参与法律援助的较大的选择自由。其缺点在于，和北京模式一样，当事人对各个律师事务所拒绝提供法律援助的决定毫无办法。由律师事务所决定是否给当事人以法律援助，使法律援助标准的确定和掌握仍然不统一。律师办理援助案件的报酬，一般由律师所在律师事务所予以补贴，没有一个固定的、很好的解决办法，这在某种程度上阻碍了律师参与法律援助。

广州模式是规范化、制度化相对完备的模式。法律援助中心是由政府组建的法律援助的专门机构，拥有自己的专职律师，法律援助中心具有双重职能：既是组织、管理、监督和指导全市法律援助工作的管理机构，又是具体提供法律援助的执业机构。整个法律援助的模式运作体现为四个统一：统一受理申请、统一审查申请、统一指派律师、统一监督法律援助案件办理情况。这种模式体现了法律援助主要是一种政府行为的性质。

郑州模式则实行的是"两条腿走路"。一方面它具有广州模式的优点。另一方面各律师事务所或其设立的法律援助机构，直接受理法律援助申请并办理援助案件，有利于调动律师参与法律援助的积极性，动员律师事务所的力量搞法律援助。但是，法律援助中心与各律师事务所及其设立的援助机构的关系问题尚未解决，各律师事务所设立的援助机构名称尚须统一，以免形成处处都是"中心"反而没有中心的混乱局面。且法律援助中心和各律师事务所受理援助案件的标准必须予以统一。[①]

真理越辩越明，尽管仍存有不同的声音，但建立覆盖全国的法律援助制度，设立专门的法律援助机构，培育专业化法律援助律师队伍的法律援助模式，已逐渐成为各界共识。

---

① 参见张耕主编：《中国法律援助制度发生的前前后后》，中国方正出版社1998年版，第64—68页。

五、循序渐进的立法和制度进程

法律的稳定性常常让人苦恼，因为法律永远滞后于社会生活，很多新出现的问题常常难以在法律中寻求到明确的答案，很多新的探索往往也很难在第一时间得到法律的确认。然而正是由于其稳定性，却更加体现了法律的权威：一旦一项制度得到法律的确认，将有强大的国家力量来保证制度的施行。在多年的民间和地方探索后，中国的法律援助终于走上了制度化的道路。

1996 年 3 月 17 日，第八届全国人民代表大会第四次会议审议并通过了《关于修改〈中华人民共和国刑事诉讼法〉的决定》，对 1979 年通过的《刑事诉讼法》进行了重大修改，而在这次刑事诉讼的修改中，首次以立法的形式规定了我国刑事法律援助制度的基本原则和框架。其第三十四条规定："公诉人出庭公诉的案件，被告人因经济困难或者其他原因没有委托辩护人的，人民法院可以指定承担法律援助义务的律师为其提供辩护。被告人是盲、聋、哑或者未成年人而没有委托辩护人的，人民法院应当指定承担法律援助义务的律师为其提供辩护。被告人可能被判处死刑而没有委托辩护人的，人民法院应当指定承担法律援助义务的律师为其提供辩护。"尽管仍是指定辩护的规定，但首次在立法中出现"法律援助”的概念，此次修法成为新中国法律援助制度建设的重要里程碑。

1996 年 5 月 15 日，第八届全国人大常委会第十五次会议审议通过了经历 22 次修改的《律师法》。作为新中国第一部律师法典，这部法律的颁布实施，对于完善律师制度、保障律师执业、规范律师行为、促进律师行业乃至整个社会主义法制的发展，都有十分重要的意义。在这部法律中，专门设有一章，规定了律师法律援助的有关内容，明确律师要为经济困难无力支付法律服务费用的当事人提供法律帮助，确立了法律援助制度的基本原则的框架。同时该法还明确了法律援助的基本内容，即公民在赡养、工伤、刑事诉讼、请求国家赔偿和请求发给抚恤金等方面需要获得律师帮助，但是无力支付律师费用的，可以按照国家规定获得法律援助,《律师法》的这一规定勾勒出我国民事和行政法律援助的雏形。

2003 年 7 月，经过 7 年的酝酿完善，我国第一部全国性法律援助法规《法律援助条例》(以下简称《条例》) 通过并于当年 9 月 1 日实施，作为目前法律援助制度的基本大法,《条例》搭建起我国法律援助制度的基本框架：它明确了法律援助的定位，即“公民权利，政府责任”，这是《条例》的灵魂和亮点所在。

它表明政府既是权力政府，更主要的是责任政府，其享有管理国家行政事务的一切权力，同时也负有保护公民合法权益的责任和义务，体现了服务型政府的形象，标志着中国法律援助工作逐步摆脱过去单纯的道义色彩，从传统的社会个人慈善行为发展成为国家对公民的一项司法救济和保障措施。它明确了法律援助的运行模式为“律师义务，社会参与”。《条例》规定由专职人员、社会职业律师和社会组织人员多种援助提供主体并存的立法模式，并特别强调法律援助诉讼服务的主导力量是律师。对律师从业人员而言，法律援助是义务。当然，虽然法律援助是律师的义务，但并不是“白干活”，相关法律援助机构应依法给予其一定量的办案补贴。它明确划定了法律援助的范围，虽然主要是将原来零散分布于三大诉讼法和《律师法》等法律中关于法律援助的范围进行了集中表述，即生活困难的公民主张与基本生存有关的事项。民事、行政法律援助上，在依法请求国家赔偿，请求给予社会保险待遇或者最低生活保障待遇，请求发放抚恤金、救济金，请求给付赡养费、抚养费、扶养费，请求支付劳动报酬等“生活困难的公民主张与基本生存有关的事项”上，增加了一项“主张因见义勇为行为产生的民事权益”。而在刑事法律援助上，将被告人是盲、聋、哑人或者未成年人而没有委托辩护人的，“可以”

提供法律援助变为“应该”提供法律援助，增加了法律援助的覆盖面。

《法律援助条例》的正式颁布实施，标志着我国法律援助制度的基本建成，我国法律援助工作也从制度从创立进入到了加快发展的新的历史发展时期。

国家法律援助第一案

一名普通的农民工，在工地烧伤，被包工头遗弃无钱医治，在列车上奄奄一息时幸运地获得了众人的爱心救助。本来只是一起充满正能量的社会事件，却峰回路转成为司法部法律援助中心成立后受理的第一起案件，甚至间接推动了农民工权益维护的制度化和法治化。这就是共和国国家法律援助第一案——蔡不论工伤索赔案。[①]

① 参见黎大东："中国法律援助第一案"，载《世纪行》1997年7月号，第23-24页。

一、民工工地负伤，老板临阵退脱

蔡先理，又名蔡不论，生于1975年，原为四川万县市五桥区白羊镇农民。1995年蔡不论20岁时，离开家乡来到首都北京，在北京航空材料研究院职工住宅楼建设工地找差事。承建单位河北淀州永胜建筑实业公司的项目承包人、23岁的赵军勇雇用了蔡不论，给他的任务主要是刷油漆、装玻璃。

1997年元旦下午5时，蔡不论和工友们已经在建筑工地下班。饭后蔡不论和大家玩了一圈扑克后离开房间。不久，房内工友听到室外一声巨响，闻声出门，见一间曾做过临时厨房的平房近门处，一只装有醇酸稀料的桶被一盆火烤热膨胀爆炸燃烧，蔡不论已被烧伤。施工队长高振英闻讯赶到，立即组织民工用泥土残雪扑灭蔡不论身上的大火，找推车把他送往研究院职工医务室。医务室不会治烧伤，蔡不论又被送到附近一家医院急诊室。因为这家医院没有烧伤科，蔡不论又被送到另一医院，又因没有床位而被转至第三家医院……几经辗转，严重烧伤的蔡不论被送抵有条件进行烧伤抢救的医院时，已近凌晨两点。工头赵军勇预付给院方2000元押金，并在陪护民工吴志祥处留下500元伙食营养费。1月7日，医院通知预付费告罄。赵称已无力支付，对蔡不论说：“我最后再给 2000 元。是继续住院还是回家，你自己选择。从此以后你我之间不再有任何关系。”

二、绝处逢生，列车上开始的救援

在北京举目无亲的蔡不论眼看无钱继续治疗，只好无奈选择提前出院。1 月 8 日，重伤尚未脱离危险的他被担架抬着上了北京至武汉的 37 次特快列车。事情到此，蔡不论还是默默无闻并不为人知，也许他就将伤重不治在这趟回家的列车上，也许辗转艰难终于撑到家乡。

然而，不幸打工仔蔡不论在这趟列车上迎来了他人生的一次万幸。列车乘务员张丽在巡查时发现了奄奄一息、神志不清的蔡不论，向陪伴他的工友吴志祥问明情况后，迅速报告列车长夏秋英。“旅客上了我们的车，我们就应该对他们的安全负责，况且他生命垂危，急需救治。”列车员们并未顾念危重病人乘车给列车工作带来的麻烦和可能涉及的生命安全责任，迅速作出反应救助蔡不论：夏秋英拿来了蛋花汤，并把蔡不论的情况在全体车厢进行广播。

一时间车厢内人头攒动，素不相识的人们纷纷伸出友爱之手，为不幸的民工送来水果、棉大衣、药品等。好心的乘客们纷纷涌向广播室，列车上包括武汉市副市长张代重在内的数百名乘客为蔡不论捐款人民 6371.05 元。1 月 9 日上午 11 点，列车达到武昌。一早接到武汉客运段传来的消息，武汉铁路中心医院派出医务人员和救护车通过武昌火车站开通的绿色通道，已早早等候在车站，医护人员迅速将蔡不论接回救治：蔡不论烧伤面积达 30%，属深二度烧伤，伤口已经化脓感染，情况十分危急。院方当即表示会尽全力治好蔡不论，而治疗费用估计需花 2 到 3 万元。

随着《光明日报》等多家媒体的介入，蔡不论的命运引起了全国的关注，北京市劳动局、北京航空材料研究院、河北淀州永胜建筑实业公司分别派代表前往武汉看望慰问蔡不论。全国各地的单位和群众为蔡不论捐款逾 10 万元。经过武汉铁路中心医院近两个月的精心治疗，蔡不论于 3 月 8 日伤愈出院。

三、报道深入，法律问题凸显

社会各界的爱心起到了扶危济困的作用，为了使更多的人了解帮助蔡不论，1997 年 1 月 14 日至 21 日，《光明日报》“每月聚焦”专栏先后 8 天跟踪报道武汉铁路众人救助烧伤民工蔡不论后发生的新闻，但随着报道的深入，人们发现这已经不是一起简单的献爱心事件，而涉及农民工合法权益的保护。蔡不论是在打工的工地受的伤，用工单位只将其送往医院治疗 7 天，在休克期未过的情况下就撒手不管，全然不顾在救助蔡不论上所应承担的重要责任。然而蔡不论在北京打工时并未与用工单位签订正式的劳动合同，当时我国的劳动法还未对事实劳动关系作法律上的有效认定，这就给用工单位逃逸责任提供了理由。媒体揭露了用工单位逃避责任的真相，引起了社会各界的广泛关注。

四、峰回路转，成为国家法律援助第一案

媒体报道起到的作用不止于吸引公众的爱心捐扶，《光明日报》的记者意识到应该帮助蔡不论维权，遂以蔡不论和光明日报湖北记者站的名义写了一个法律求助呼吁函，发给武汉和重庆市的 30 多个律师事务所。武汉和重庆的一些当地新闻媒体公开刊登了呼吁函。其间，四川、湖北、北京等地一些律师主动表示愿意为民工蔡不论提供无偿的法律援助。而正在万县市办案的董绪公律师在知悉蔡不论事件情况及不幸遭遇后，前往蔡不论父母居住的山村，表达了愿为蔡不伦提供法律援助的意愿，两位老人无比感激地签下了委托书。

1997 年 2 月 24 日，四川省法律援助中心在董绪公汇报后正式签发对蔡不论进行法律援助通知书。旋即，董绪公赴京向司法部法律援助中心递交蔡不论的申请书：“……对我的被烧伤，永胜公司负有不可推卸的责任，我急需聘请律师向永胜公司依法索赔，但由于我个人家庭经济困难，无法交纳聘请律师的费用，因此，恳请国家法律援助中心为我指派进行法律援助的律师。”2 月 28 日，司法部法律援助中心决定将成立以来的首例法律援助任务指派给为蔡不论进行法律援助一案。时任国家法律援助中心副主任宫晓冰手书第一号国家法律援助通知书，共和国第一例国家法律援助就这样正式启动了。

为了保证蔡案的切实解决，董绪公根据了解到的线索，连夜赶到延庆县找到了事发当晚的证人郭广多；然后又到八达岭找到另一证人郭平，并取了证。在历尽千辛万苦，排除千难万险，反复调查、核实后，董绪公于 4 月 18 日上午代蔡不论正式向北京仲委会递交了仲裁申请，请求仲委会秉公、依法，仲裁用工单位承担赔偿责任，支付蔡不论的全部医疗费用及补助费。而之前宣称蔡不论是因故意违章烧火而被烧伤，对蔡不论进行法律援助是错误的建筑公司，在事实面前，在法律和道义面前，在承办律师近 100 个日日夜夜的艰苦努力下，用工单位终于在董绪公准备离京的前夕，提出了符合法律规定的协商调解此案的请求。经过反复的谈判协商，用工单位同意对蔡不论在务工期间被火烧伤后的医疗费、住院费、补助费等予以全部支付，除去支付的1000元，当即兑现了其余的24336元现金。至此，共和国首例法律援助案终于成功告结。

然而，故事远不止这些。

五、四川法律援助第一案

早在1995年，四川法律援助中心成立的第一天，就受理了一起轰动全省的大案——阳江“11·9”案。巧合的是，这起案件也是由董绪公代理的，而受援方也是农民工。

根据《华西都市报》的报道，1995年11月9日晚9时许，万县民工王朝超等人在广东阳江市江城区被一伙手持大刀、木棒的人追杀，漠阳派出所民警赶到现场，开枪击倒民工王朝忠，又将民工谭作清打死，民工吴明兵被击伤，王朝忠再度中弹。1995年11月10日，阳江市公安局江城分局对在场民工王朝超、吴爱民、吴明兵予以收容审查。东方大地律师事务所董绪公律师认为江城公安分局的收容审查行为非法，对民工施以法律援助。1996年夏季，万县中级人民法院一审判令撤销收容审查决定，公安局支付返还万县民工 6000 余元。阳江警方不服，向四川省高院上诉。

董绪公接到法院的通知以后，立即寻找当事民工，经多方打听，得知吴爱民、吴明兵为了维持生计，又背井离乡打工去了。董绪公委托熟人，打听到王朝超的下落。王朝超接到通知后跑到广东去找吴爱民、吴明兵。经过前后 4 次召开案情讨论会，反复研究、磋商二审的代理问题，从第一次讨论会勾勒出代理原则，到最后一次讨论会详尽到代理意见的每一句措辞，律师们付出了大量的心血。开庭前，每个律师都准备好了厚达几十页，长达万余字的代理意见。

1997 年 5 月，临开庭了，当事民工还没有回来，王朝超从广州打来电话说："我现在在广州火车站，我已找到了吴爱民、吴明兵，可是，我身上仅有的 200 元钱被人抢走了……"董绪公十分焦急，动用了所有能想到的关系，才让王朝超乘上火车，赶回成都。1997 年 6 月 11 日，阳江"11・9"案在四川省高院开庭，四川省高院行政庭庭长亲自担任审判长。庭审中，精心准备的律师们根据掌握的证据，轮番上阵，慷慨陈词，阳江警方根本无法回应。董绪公律师说到激动处，大声责问对方："面对手无寸铁的民工，你们怎么忍心开枪？面对已经负伤，失去反抗能力的民工，你们怎么忍心开枪？面对四处逃散的民工，你们怎么忍心开枪？”此时此刻，律师们的眼中，泪光闪动，参加旁听的人，神情肃然，阳江警方，无言以对。

最终，四川省高院驳回了阳江警方的上诉，维持万县中院的原判。

六、不仅仅只是一个法律援助案件

国家和四川省法律援助部门受理蔡不论索赔案的意义，不仅仅在于事件本身的分量和当事人的得失，更重要的是要通过这一已经形成较大社会影响的事件的妥善解决，使全国各地与民工劳务有关的各方从中吸取教训，促进农民务工和社会单位用工行为的规范化、法制化。同时，针对当时劳动法还未对事实劳动关系做有效认定的法律漏洞，本案之后，一些地方性法规如《北京市劳动合同规定》《上海市劳动合同规定》都有认定事实劳动关系的规定。而 2008 年 1 月 1 日起施行的《劳动合同法》，则进一步明确了劳动合同的法律地位，更加注重提升劳动者的地位，更加强调了对劳动者权益的保护。另一方面，这起案件和阳江“11・9”案也充分反映出当时农民工群体权益保护的薄弱，以及自身维权的困难，从而催生了《山西省农民工权益保护条例》等多部针对农民工维权的地方性法规出台。而这种法律援助介入影响性案件（诉讼），推动制度完善的做法，在劳教制度的废除中也能看到。

制度完善的再次起航

自《法律援助条例》以立法的形式将法律援助制度确定为一项国家制度，并明确为政府责任后，我国的法律援助就脱离了个人和行业慈善阶段，而与整个国家法治文明建设联系到一起，法律援助在制度建设、机制保障、援助范围等方面所存在的问题，也制约着国家和社会法治文明的发展。站在建设法治国家的新起点上，从具体问题入手，法律援助又再次起航，扬帆前行。

一、补上最后的空当——死刑复核中的法律援助

死刑，是一个直接关涉人“生”与“死”的问题。无论被赋予何种正义之名，死刑对行刑一方的国家和被行刑的个人，都是

天大的问题。中国是一个有着数千年死刑适用传统的国家，尽管关于死刑存废存在较大的争议，但对于严格死刑适用的程序却已经是全社会的共识。

2006年，全国人大常委会通过了修改《人民法院组织法》，由最高人民法院统一行使死刑案件核准权，同时，“两高”下发司法解释，死刑立即执行案件二审全面开庭审理。2012年全国人大修改《刑事诉讼法》，进一步细化了死刑复核程序，规定了最高人民法院应当讯问被告人、听取辩护人和最高人民检察院的意见等。这一系列改革基本实现了死刑案件在审判程序上的完备，然而应当与之相匹配的针对被告人的法律援助，却仅仅只存在于一、二审程序中，而在死刑复核阶段出现了法律空当。尽管修改后的《刑事诉讼法》及相关的司法解释，对死刑复核阶段辩护人的阅卷、会见等权利进行了制度化的保障，然而在现实中，由于经济困难、辩护成功率低等原因，律师为其辩护的被告人比例“非常之低”，而在一些社会关注度较高的案件中，愿意为被告人辩护特别是愿意免费辩护的律师甚至还必须面对一些质疑和指责。

2013年4月，复旦大学上海医学院研究生黄洋因二甲基亚硝胺中毒致急性肝坏死，经抢救无效死亡。后经警方调查，该案系黄洋的室友林森浩因日常琐事对其不满，趁宿舍无人之机，将从实验室取出的二甲基亚硝胺原液投入该室饮水机内，黄洋从该饮水机接水饮用后，最终中毒死亡。这起“复旦学子投毒案”不但引发了社会热议，也引起了法律界人士的关注。由于事实清楚，证据确实充分，一、二审期间，尽管辩护人提出了多项辩护意见，但两级法院均认定林森浩构成故意杀人罪，并判处其死刑。进入死刑复核程序后，一名有丰富死刑复核辩护经验的律师为其免费代理。在林森浩已经认罪的情况下，律师仍然向最高人民法院提交了不核准死刑的意见书，并同时提交了多份申请，要求对黄洋的死因等问题重新进行鉴定。然而律师的做法却引起了很多人的质疑，有的人认为在铁证面前，律师还在死刑复核阶段接手案件就是想出名，也有人认为律师的申请纯粹是无稽之谈，只是为了拖延时间。甚至有人认为在死刑复核这样一个高度行政化的程序中，辩护律师的参与不过是“走过场”。

或许如“复旦学子投毒案”，绝大多数死刑复核案件中律师的辩护意见最终多不会被采纳，但最高人民法院收回死刑复核权的一个重要原因就是为了把死刑案件办成铁案，防止出现冤假错案。如果死刑复核被告人因经济困难等原因没有聘请律师，法院又没有为其指定辩护，那么所谓“听取辩护律师的意见”就是一句空话，这无疑对确保死刑案件的质量不利。而对于被告人而言，如果在这最后能够“保命”的阶段无法通过法律援助等渠道获得律师的帮助，又何谈保障其诉讼权利。反观司法实践中，却又不乏最高人民法院接受律师意见不核准死刑的案例，辩护律师的参与绝对不是“走过场”。

最有代表性的莫过于“75 岁死刑复核”第一案。这起由公安部督办，涉及中国、越南两国的跨国走私、贩卖毒品案中，一名叫王伦业，绰号“老鬼”的毒贩在交易 4 公斤海洛因时，被警方一举抓获，而在被警方抓获时，这名“老鬼”已年满 72 岁。一审法院认定王伦业为该案主犯，并判处其死刑。王伦业等人提出上诉后，法院二审维持原判，并依法上报最高人民法院核准。颇具戏剧色彩的是，到 2015 年 3 月王伦业已年满 75 岁时，案件尚在死刑复核阶段，而我国《刑法》规定，“审判的时候已满 75 周岁的人，不适用死刑，但以特别残忍手段致人死亡的除外”。王伦业死刑复核阶段的辩护律师向最高人民法院提交了辩护意见。最主要的观点是：按照王伦业身份证上的出生日期 1940 年 3 月 3 日，其已经年满 75 周岁，不应该再适用死刑，同时律师还申请最高人民检察院监督此案。尽管关于死刑复核是否属“审判时”出现了一定的争议，但最终最高人民法院经过讨论决定采纳了辩护律师提出的意见，撤销一、二审判决中判处王伦业死刑的部分，对王改判无期徒刑，剥夺政治权利终身，并处没收个人全部财产。作为“75 岁死刑复核”第一案，从微观的角度看，这个案件决定了王伦业的生死；而站在制度的角度看，通过这个案例，最高人民法院还确认了死刑复核的审判性质。

既然是审判，对被告人的法律援助就应该和一、二审相同。正是在这样的背景下，一部关于为死刑复核案件被告人提供法律援助的规定呼之欲出，死刑案件中法律援助的最后空当终于补上。

二、法律援助的急诊室——值班律师制度

法律援助值班律师制度是指由政府买单，法律援助机构指派律师在公安机关或人民法院等部门值班，免费为当事人即时提供法律咨询、指导，或者作为被指控人的代理人，帮助被指控人申请延期审理、进行保释听证或者处理其他法律事务。设立法律援助值班律师制度的目的，是为低收入人群提供及时、专业、低成本、高效率的法律援助服务。值班律师制度在世界范围内已经不是一个新的名词，其最早可以追溯到 15 世纪的苏格兰，现在在英国、加拿大、日本、澳大利亚等国家都有实行。在这些国家中，加拿大值班律师制度较为完备的立法构建和良好的司法运行，是非常突出的。但是对于我国来说，值班律师制度仍是陌生的，一

直都只是在法学理论层面对其进行探讨和研究，直到 2006 年，联合国开发计划署、商务部和司法部联合开展“UNDP 法律援助值班律师制度”，将我国的河南省作为在我国的唯一试点省份进行了值班律师制度的试点探索工作，而河南省修武县被确定为首个试点县。

修武县首期选聘参与试点项目的值班律师共 18 名，分别在县法院、县公安局、县看守所、城关派出所各设立一个“法律援助值班律师”办公室，每个值班室每天配 2 名律师值班。每个工作日，由值班律师免费为当事人或群众提供法律咨询和指导，试点期间值班律师补助等费用从国际专项资金中支付。2008 年试点结束，联合国开发计划署和我国商务部、司法部组成的考察组对修武县实施情况考察后认为，“法律援助值班律师”项目对于发挥法律援助在促进司法公正、保障人权方面起了重要作用。同时，值班律师制度在中原大地已播下种子，健康成长。2009 年，河南省在法院、看守所、公安局等部门设立了 22 个值班律师办公室，涉及 8 个省辖市、20 个县区。同时，北京、重庆等地也纷纷开展值班律师的试点工作。

之所以能够遍地开花，源于值班律师所发挥的作用。一方面，值班律师解决了法律援助“最后一公里”的问题。一直以来，法律援助作为司法行政机构的一个部门，一直处于坐堂办公、等待案件的状态。值班律师突破了这一成规，援助者走出去，到最需要法律服务的地点和人群中，提供法律援助，让更多的人及时得到法律援助。另一方面，在社会转型期矛盾集中的大背景下，法律援助值班律师还成为了法院的减压阀。修武县就出现了这样一起案例：一位市民把房子卖出后看到房价大涨感觉吃亏了，想把房子再要回来，与买者多次争执，起诉到法院。由于诉讼请求太过“荒唐”，法院立案庭的人员劝其不要起诉，但这位市民把怨气撒到法官头上，立案人员于是劝他先咨询一下值班律师的意见。市民抱着试一试的态度走进了值班律师办公室，经过值班律师的耐心讲解，这位卖房人放弃了起诉念头。此外，在刑事诉讼中，将法律援助的工作点延伸到看守所，对于扩大法律援助的覆盖面、实现法律援助便民服务、解决受援人与法律援助机构的信息不对称起到了重要作用，特别是可以在侦查起诉阶段更好地保障当事人的权益。

而刑事速裁程序改革的推进，再次激发起值班律师制度的活力。这项改革旨在缩短办案期限、简化办案程序以及与之配套的独任审判、当庭宣判、格式化裁判文书等，最大限度地追求快速办理轻微刑事案件。然而如同国外辩诉交易等认罪程序一样，在这样的程序中，如何迅速地让犯罪嫌疑人、被告人提供法律帮助，确保其充分了解适用速裁程序的法律后果，帮助其进行程序选择和量刑协商，有赖于辩护律师作用的发挥。由于速裁程序的特殊性，可以说在速裁程序中，辩护人的作用甚至大于简易程序案件。因此如何保障辩护律师的到位，除了自行聘请外，更多的时候就需要迅速介入的值班律师。在审查起诉阶段，检察官将告知嫌疑人“你可以申请值班律师提供法律帮助”，一旦嫌疑人要求获得法律帮助，承办人立即填写《提供法律援助申请书》，当日送交值班律师，让其深入了解案情，方便其尽快提供法律帮助。在刑事速裁改革继续深化的背景下，作为法律援助急诊科的值班律师制度将发挥十分重要的作用。

三、民生与公正——法律援助发展的方向

2012 年，刚刚结束一段痛苦婚姻的秦某，到广东打工后，结识了魏某。在魏某的追求下，生活苦闷的秦某最终接受了他。3 个月后，两人登记结婚，但没承想，一起生活之后才发现两人并不合拍。尤其魏某一旦喝酒便会发酒疯，不是对秦某肆意谩骂就是动手打人，甚至年仅 5 岁的女儿也难逃毒手。出现摩擦之后，两人开始分居生活。2014 年，秦某向法院提起离婚诉讼，但最后

因夫妻感情尚未完全破裂，法院判决不准离婚。后来，秦某找到法律援助中心，希望法援中心工作人员能帮助其脱离苦海。经审查，尽管离婚案件并不在《法律援助条例》所确定的案件范围中，但秦某经济困难，当地法律援助中心仍然选择为其提供援助，经工作人员认真搜集相关证据，秦某再次起诉后，法院经审理认为，秦某与魏某感情确实破裂，判决离婚。

这只是今年来全国各地根据本地的经济社会发展水平，扩大民事、行政法律援助覆盖面的一个缩影。近年来，很多地方以民生为导向，逐步将涉及劳动保障、婚姻家庭、食品药品、教育医疗等与民生紧密相关的事项纳入法律援助补充事项范围，帮助困难群众运用法律手段解决基本生产生活方面的问题。一些地方还在政府主导下，建立了农民工、下岗失业人员、妇女、未成年人、老年人、残疾人和军人军属等重点人群的法律援助工作机制。

而与此同时，公正也成为近年来法律援助发展的一个关键词。法律援助参与申诉案件代理制度的试点探索就是一个典型的例子。当前，申诉和上访已属于社会问题，各方面特别关注。然而申诉有没有道理、是否合法、请求是否正当、能否得到法律支持，这些当事人可能不清楚。在申诉人员中，相当一部分经济比较困难，逐步将不服司法机关生效民事和行政裁判、决定，聘不起律师的申诉人纳入法律援助范围，由法律援助人员对当事人提出的合理合法请求给予支持，对提出不合理请求的当事人可以解释、讲道理，这既是维护申诉人权利的重要举措，能够促进当事人和相关管理机构之间的双赢；同时又能在一定程度上实现息诉息访，对促进社会公平正义以及维持社会秩序的稳定具有积极意义。

民生事项纳入法律援助事项范围，建立值班律师制度，法援参与刑事和解、死刑复核，2015 年，这些都被写入了中共中央办公厅、国务院办公厅发布的《关于完善法律援助制度的意见》，这部体现着依法治国基本方略的必然要求，字里行间充满着民生与公正的纲领性文件，必将推动我国法律援助工作进入一个全新的发展阶段。

法律援助的民间力量

纵观法律援助诞生、发展的历史，从最初的慈善救济，到后来的主动参与，来自民间的力量始终是推动法律援助向前发展的重要支持。在法律援助供给尚无法满足法律援助需求的今天，来自民间的各种力量，在既没有政府安排，也没有利益追求的情况下，他们或因为随着来自弱势群体紧迫的法律需求，或因为自身的信念，抑或是非营利和志愿的精神，努力为各种群体提供法律援助，成为这个体系中不可或缺的部分。

一、从服务团到专业化法律援助组织

1993 年 2 月，北京的媒体报道了一起保姆被雇主殴打的案件。四川籍保姆小余，在北京一孟姓人家做保姆，多次被雇主孟某殴打。一次孟某出手较重，致使小余受伤，孟某不给小余治伤，还逼迫其写下“因偷吃动心、勾引男人、挨打应该”的字据，小余被迫回家后，由于治疗不及时致使伤口感染，孟某的行为涉嫌犯罪，被起诉至法院。一名叫郑爱丽的律师看到报道后，十分气愤，决定为小余伸张正义。她主动找到正在医院接受治疗的小余，义务担任其刑事附带民事诉讼部分的代理人，通过多方搜集证据和法庭上的据理力争，在法院判处孟某刑罚的同时，小余也获得了 6000 元的赔偿。郑律师的义举被 20 多家媒体报道，在赢得广泛称赞的同时，她也陷入了苦恼：很多同样面临与雇主纠纷的保姆，在看到报道后，纷纷登门寻求郑律师的帮助，一天甚至达 20 多人。

这个案件折射出当时社会对于法律援助的需求与法律援助供给之间的巨大矛盾，也说明无论是律师还是志愿者，仅靠个人的力量，是难以承受“法律援助之重”的。因此，“抱团”就成了一个明智的选择。2003 年，“为农民工讨工资律师免费服务团”在湖南成立，而其背后所依靠的就是一家律师事务所。从每年的 12 月开始，他们便会开展为期两个月的专项服务活动——为全国各地的农民工免费讨薪。与农民工自己讨薪“越讨越亏”，要么放弃追讨自己的血汗工资，要么通过跳楼等过激方式不同，律师团在讨薪中拥有专业的法律知识和具备处理类似问题的能力，而人力和时间成本则可以通过团队的力量予以解决。随着讨薪律师团成员逐步增加，团队内部也进行了更为细致的分工：有的给农民工提供免费法律咨询，有的负责与欠薪单位沟通或发送律师函、搜集证据、整理文书、与有关部门交涉，有人甚至前往欠薪单位调查、讨薪，“团队讨薪”的作用得以显现。10 年来，律师团累积为 2 万多名农民工提供法律援助，不仅为农民工追回 2 亿余元，还帮助防止农民工自杀、跳楼事件 30 多例，有效化解了社会矛盾。

随着专业化的法律援助专业律师和团队的出现，很多律师和团队开始将公益法律服务作为一种职业或者事业来推动，出现了独立或相对独立的法律援助机构。尽管这类机构一无资金，二无名分，常常面临经费严重短缺、工作开展步履艰难的问题，然而在不放弃的坚持下，很多机构终于成长为专业性法律援助的中坚力量。

1999 年，中国第一家专门从事未成年人法律援助与研究的公益法律机构——北京青少年法律援助与研究中心（以下简称中心）成立，2003 年正式登记注册为“北京青少年法律援助与研究中心”。中心自成立以来，逐步创建了未成年人保护综合模式，不仅直接向未成年人提供义务法律咨询和法律援助——开通两部未成年人法律咨询电话，提供免费法律咨询，还同时接待来访、来信和网上咨询维护未成年人合法权益，办理女童遭受性侵害、未成年人刑事辩护、出生登记、未成年人监护以及严重人身伤害等各类涉及未成年人的法律援助案件。

著名的小皓户口案件就是其中一例：17 岁的小皓是非婚生子，从小被父母遗弃，被一位好心奶奶抚养长大。由于小皓的生母拒绝给其上户口，最终导致小皓辍学。中心援助律师走遍派出所、居委会、街道办事处、计生办、管片民警，奔走于北京的大街小巷，通过三年不懈努力，最终帮助小皓向生母追索抚养费 31 万余元，并成功拥有了户口和身份证。

一个案件只能帮助一个或几个当事人，而一部好的法律或者项目却让更多的人受益。在直接实施法律援助的基础上，中心还深度介入青少年维权工作，如与中国法律援助基金会合作，实施开展“新起点——小额爱心资助项目”，对权利受到侵害无法得到实际赔偿的未成年人给予小额资助；实施“失足少年助学项目”，对家庭生活确实困难、本人又愿意求学的未成年犯给予资助。而在提供法律咨询和办理法律援助案件的基础上，一些个案和调研引起了有关部门的关注，使得中心能够深度参与未成年人立法工作，从政策和法治的层面推动了社会的进步。

二、高校的力量

在法律援助尚未建立之时，拥有大量法律人才、充满理想主义精神的高校（法学院）就已成为最为重要的民间力量。最初的形式是由法学教师和法学院学生为群众提供法律咨询。1992 年 5 月，第一个高校法律援助机构——“社会弱者权利保护中心”在武汉大学成立，“中心”提出了“保护弱者、伸张正义、播洒爱心”的口号，亮出“以最优秀的律师，义务为最需要帮助的人依法提供优质的服务”的宗旨。很快，一支由 30 名武汉大学法学会优秀会员和 10 名研究生组成的青年志愿者服务队成立了。该中心承办的第一件案子就轰动了武汉三镇乃至全国。

1992 年夏，16 岁的少年小龙因与继母不和被父亲暴打一顿后赶出家门。小龙的遭遇牵动了很多人的心，也牵动了该中心师生的心，他们把小龙接到“中心”管吃管住，免费为他打赢了这场据说是中国第一宗子告父的官司，不仅使小龙得到了生活保障，而且在社会上引发了一场强化法律意识的大讨论。中心成立 20 年，接待咨询 61800 余人次，回复信件 20900 余件，电话咨询 36800 余次，代理诉讼案件 2800 余件。

随着法律援助制度的建立，一些知名的综合性大学和政法院校纷纷建立起自己的法律援助机构。尽管面临资金不足、硬件落后，不具有律师资格的学生在办理案件中易受刁难，学生志愿工作者逐年轮换等困难，但在志愿者精神的感召下，这些青春的力量不断努力践行着自己的法治理想。许许多多自身权益受到侵害而又无力运用法律维护自身合法权益的妇女、未成年人、残疾人、老年人和“民告官”者在高校法律援助志愿者的帮助下依法讨回了公道，走出了绝望无助的困境。特别值得一提的是，与传统法律援助更加重视通过援助来维护受助者的财产性权利不同，高校法律援助机构同样重视对受助者其他权利的维护，特别是平等权、就业权等看似抽象却关乎公平正义的权利，为此很多高校法律援助机构都将“民告官”的行政相对当事人纳入法律援助的服务范围，不惜和政府对簿公堂。

最为著名的当属丁亚伟复学案。2001 年，因患小儿麻痹而双腿残疾的青年丁亚伟，凭着一副拐杖完成了从小学到中学的学业，又以 400 多分的高考成绩被武汉某重点师范大学录取。然而入学不到两个月，他就接到了一份勒令退学通知书，原因是由于在体检中发现他患有小儿麻痹后遗症，造成双下肢不能走路。面对这一决定，丁亚伟及家人都十分不解，因为他们在高考体检表中对丁亚伟的病情就已填得清清楚楚：“儿麻致右下肢功能大部分丧失、左下肢肌力减弱，限专业录取”。现在录取了怎么突然又不符合录取条件了呢？带着重重疑问，他们找到武汉大学社会弱者权利保护中心，请求予以援助。中心残疾人权利保护部了解情况后认为该校的说法站不住脚。《残疾人保障法》规定，残疾人享有同正常人一样平等受教育的权利，不应受到歧视。“双拐行走者”不能列入国家体检标准禁止入学范围，能拄拐走路就表明下肢可以应用。双下肢不能运用者表现为双下肢瘫痪、双下肢截肢之类，丁亚伟的情况不在此列。由于当时该类案件无法通过诉讼的渠道解决，因此中心只能不断奔走呼吁，期待通过协调的方式予以解决。最后，经湖北省教育厅、湖北省考试院、省残联等部门出面就此事与有关学校进行协商，终于为丁亚伟重新就学寻到了出路。2001 年底，武汉理工大学将丁亚伟补招为 2001 级新生。丁亚伟失学到复学的经历在社会上引起了连锁反应。许多人都借此呼吁，制订规章制度也应从关心困难群众的角度出发。在丁亚伟重新回到学校后，当年与丁亚伟情况类似的其他 15 名残疾学生也获得了平等享受高等教育的权利。[①]

---

① 参见“向弱者伸出援助之手——武汉大学社会弱者权利保护中心十年历程与启示”，载《人权》2005 年第 2 期，第 31–32 页。

高校法律援助机构的设立，也改革了过去简单地以教师、课堂和课本为中心的教学制度，代之以讨论与交流、指导与研究、理论与实践等密切结合的诊所教学方法。通过具体的案例，学生从实践中学会如何取得当事人的信任、判断当事人请求的合法性，如何与当事人进行交谈，如何获取证据以及证据线索，如何确定解决纠纷的途径，把握复杂案件的特点及代理技巧等。在为社会弱者提供法律服务的过程中，学生所学知识得以灵活运用，并不断获得新知识、新信息等创新资源，实践能力和竞争实力得以提高，学会了作为一名合格的法律工作者应该具备的基本业务技能。

三、环保法律援助第一案与社会组织的参与①

2005 年 11 月，河北省兴隆县人民法院受理了一起特别的行政诉讼案件，56 户农民将兴隆县政府告上法庭，请求法院判令兴隆县政府依法采取行政措施，立即关闭违法生产的兴隆县兴业化工有限公司。而这起案件之所以特别，当然有农民告政府这一吸引眼球的因素，但更为重要的是，这起案件的起诉是在中华环保

① 参见“环保官司大透视——中华环保联合会援助村民状告兴隆县政府行政不作为追踪”，载《环境》2006 年第 4 期，第 58-61 页。

联合会的法律援助下完成的，它不仅是当地的第一起环保诉讼，也是环保组织法律援助第一案。

1989 年，兴隆县靳杖子村边竖起了高大的烟囱，年生产能力 1.5 万吨的兴隆县硫酸厂上马。该硫酸厂经过多次改制，2005 年 6 月进入了破产程序，随后被一名村民收购，厂名更换为兴隆县兴业化工有限公司，仍沿用破产前的设备继续生产。而此前兴隆县化工局曾于 1999 年底立项，准备对原兴隆县硫酸厂进行年产 4 万吨的技术改造。2001 年 1 月，承德市环保局批示同意在原厂址原基础上进行扩改建设。同年 7 月，该扩改建设项目开始施工。但不是在承德市环保局所批的在原厂址基础上施工，而是在原硫酸厂的马路对面另建了一家名为金马化工有限公司的新厂。一个项目两个企业的格局就此形成。一个村竟有两家硫酸厂，其中一家用的还是十几年前的生产工艺，工厂外墙几百棵树枯萎，河里难见鱼虾，村民们逐渐意识到了硫酸厂产生的危害，与硫酸厂的冲突不断。

村民宋卫民等 3 人从 2005 年 4 月开始到国家有关部门上访，要求关停违法生产企业。在当地信访无果的情况下，宋卫民等人开始上北京向国家环保总局反映情况。国家环保总局信访办接待了他们，并将处理建议转给河北省环保局。该建议层层下发，直到兴隆县政府，但是最后仍没有落实。

事情终于出现了转机。2005 年 9 月，国家环保总局信访办将宋卫民 3 人介绍到中华环保联合会，中华环保联合会决定向其提供法律援助。中华环保联合会指派环境法律服务中心的法律人员对硫酸厂的污染问题进行了调查。经调查，中华环保联合会认定兴隆的硫酸厂污染问题确实存在且不符合国家产业政策，属国家明令淘汰的落后生产工艺和设备，依法应当由兴隆县政府予以关闭。中华环保联合会向当地县政府提出了处理意见，认为兴隆县政府将两家企业整合为一家的做法与国家法规有不一致之处，并建议兴隆县政府严格遵守环保法的要求。在目前的条件下，兴业公司应立即停止生产，金马公司在规模没有扩大，环保手续没有完成的时候，也不能投入生产。同时，兴业公司违反环保法，依法应当由兴隆县人民政府予以关闭。然而，兴隆县政府对此置之不理。

事情似乎又陷入困境，村民们很着急，他们表示愿意放弃环境索赔，只认定一个目标，即促使硫酸厂关闭。要达到这个目标，可以通过行政诉讼或者民事诉讼来实现。那么是起诉污染企业还是起诉不作为政府？中华环保联合会连同一些专家、律师进行了比较。最后一致认为民事诉讼程序比较复杂，且起诉企业也没有足够的证据，不像煤矿事故一样有确切的死亡人数，效果不一定好，可以尝试行政诉讼来促进维权。于是就有了这场诉讼，效果很明显：案件尚未开庭，兴隆县政府就决定对两家硫酸厂进行断电停产，而不久后法院也判决责令硫酸厂停业。

如果没有中华环保联合会的介入和法律援助，村民们还将在漫长的信访路上奔波。而更为重要的是，作为专业性的社会组织，按照其自身领域为社会提供公益服务时，通过提供包括法律援助在内的整体性援助，保障和维护公民权利和公共利益，这开启了一条社会组织参与法律援助的道路。

随着经济社会的发展和矛盾日益复杂化，政府和民众都对专职、专业的矛盾化解力量有了更大的需求，而民间法律援助通过自身的职业化、专业化、社会化，逐渐赢得了国家和社会的重视和信任，成为化解社会矛盾的积极补充力量。而随着政府、行业协会、法律援助基金会、企业、工会越来越多地向各类民间法律援助的组织提供支持资金支持，民间法律援助逐渐进入良性的可持续性发展轨道，而制度化的政府购买民间法律援助服务似乎已不再遥远。

Story of Legal Aid

下篇

美国落实律师帮助权的案例节点

斯科茨伯勒男孩们的悲痛

即便150年前林肯总统就已宣布废除黑奴制度，但其实直到20世纪中叶，种族隔离制度还一直被美国官方以一系列借口，例如臭名昭著的“隔离但平等”所不断“正当化”。尤其是在本就拥护奴隶制度的美国南部州郡，种族歧视在局部其实是以各种形式愈演愈烈。

在美国东南部阿拉巴马州发生的一起对于9名黑人的指控和审判，注定成为其历史上足以令人诟病的不光彩一页。

一、遭遇逮捕：斗殴与性侵

这是1931年3月的一天，列车行驶在连接查塔努加

（Chattanooga）与孟菲斯（Memphis）的轨道上。车上坐着一群失业的年轻人，其中就包括 9 名黑人和几名白人男性，同车的还有两位白人女性。突然，这群白人与黑人之间爆发了一场激烈的肢体冲突，随后这几个白人男性被扔下了火车。可能是出于报复的心态，这几个白人把状告到了当地的治安官那里，说他们遭遇到了一群黑人的攻击。这位治安官马上下了逮捕令，民兵组织迅速对这列火车进行搜索并逮捕了这几个黑人。

屋漏连阴雨，这些黑人的霉运远不止于此。紧接着，列车上的这两位白人女性，鲁迪 · 贝茨（Rudy Bates）与维多利亚 · 普赖斯（Victoria Price）向当地民兵组织控告说她们遭到了这些黑人的性侵。随后，他们叫来医生，检查了这两位受害女性，并调取了生物证据。

在被逮捕的黑人当中，年纪最大的仅 19 岁，他叫克拉伦斯 · 诺里斯（Clarence Norris），最小的罗伊 · 怀特（Roy Wright）还是个孩子，仅有 12 岁。

二、市民们的怒火

在斯科茨伯勒（Scottsboro），对被指控犯有强奸罪和谋杀罪的黑人处以死刑是再常见不过的了。这次也不例外。

当这些黑人的罪行被传播开来后，怒不可遏的民众聚集在斯科茨伯勒的拘留所门前，愤怒地要求拘留所交出这些黑人，巴不得将他们大卸八块。民众的情绪似乎总是与种族观念分不开。要不是多亏了当地治安官沃恩（Wann）的强力护送，恐怕这些黑人还没到郡政府所在地，就要被当地民众的怒火所吞噬。最终，黑人们被带到了当地政府所在地，拿到了刑事起诉书并等待审判。但尽管到了这个节骨眼上，这些黑人们也并没有得到咨询律师的许可。

三、斯科茨伯勒的审判：白人的审判

这些黑人在 118 名手握武器的民兵护送下，从拘留所被带到了法庭。恰巧这天是农贸日，许多商人都来到镇上兜售商品或者进货。显然，这样的日子，更容易群情激奋。镇上的人们聚集了起来，种族情绪在不断蔓延。他们抗议，他们声嘶力竭，他们要求将这些黑人都推上电椅。就像联邦最高法院在后来的判决书上所写到的那样：审判一开始就被一种紧张而又充满敌意的气氛所笼罩，并被群众的情绪所操纵。

法庭要求当地律师团能够为这些黑人指派律师，可在这种舆情状态下，谁都会选择明哲保身而不是成为众矢之的。没有人愿意站出来为这些人做辩护。最后，只有一名叫作米勒·穆迪（Milo Moody）的律师自愿为这些黑人做辩护——他已经69岁，且多年并未出庭了。后来还有一位律师——史蒂芬·罗迪（Stephen Roddy），作为法庭之友（amicus curiae）讲道：其实我并不了解阿拉巴马州的法律，并且没有足够的时间为这次辩护做准备。他含糊其辞道，如果法庭能够为被告指派律师，那么他将愿意协助该律师完成辩护。最后，他善意地告知法庭，如果条件允许，最好另聘其他律师。

法庭并不想在这种诸如确定律师的程序上浪费过多时间。就在这种暧昧的情绪笼罩之下，审判开始了。这些黑人被分为三批进行审判。第一批受审的是克拉伦斯·诺里斯和查理·威姆斯（Charlie Weems）。庭审以惊人的速度，在一天半之内草草了事。随后的两批审判更是将审判时间缩短到了一天。

另外，值得注意的是，因为种族隔离制度，黑人并没有资格成为陪审员。毫无意外，清一色的白人陪审。

四、虚置的庭审、未尽职责的辩护

首先是对诺里斯和威姆斯的审判。在庭审中，维多利亚·普赖斯作证道：她和鲁迪·贝茨目睹了打架的经过，甚至还看见了一个黑人手持枪械。紧接着，这些黑人就用刀具逼迫她们并实施了强奸。在交叉质证环节，法医布里奇斯（Dr. Bridges）向法庭证实并未发现维多利亚·普赖斯的阴道有撕裂迹象（若有，这将预示着强奸），但却在她阴道里发现了精斑。值得怀疑的是鲁迪·贝茨却在交叉质证前一直没有提起受到强奸的事实——这是不是意味着她很可能在虚构事实以陷被告于不义？最后是3个目击证人的证词，证词表明黑人小伙确实与这群白人打了一架，并将这群白人赶下了火车，并且实际控制了这两位白人女性。

在陪审团还没有认定被告有罪之前，法院就急着要审理下一个案子，陪审团于是在不到两个小时的时间里，就一致裁定被告有罪。按照阿拉巴马州的律法，犯有强奸罪的罪犯是要被处以极刑的，等待他们的将会是冰冷电椅。

除了种族心理与舆情作祟，陪审团之所以能作出这么荒谬的裁决当然也与被告的律师帮助权没有得到保障有莫大关系。虽然有穆迪与罗迪律师在场，但是应该注意到，穆迪律师已经多年没有出庭辩护经历而且已经69岁的高龄；而据传罗迪律师嗜酒成性、整天醉醺醺，他并不了解阿拉巴马州的律法也没有时间准备这个案子。从这些因素我们可以推断出，这两个律师只是形式上出庭辩护，根本谈不上“有效辩护”。

要不然这么有疑点的证据一定会被律师所质疑——维多利亚的阴道里是有精斑，但这些精斑在没有经过进一步确认的情况下就能认定是这些黑人男孩的吗？当然，也有可能是其丈夫的。后来，据法医布里奇斯所说，普赖斯告诉他在强奸事件发生的前些时候，她与丈夫做过爱，而鲁迪·贝茨也与一个男人发生过关系。另外，仅凭所谓被害人的一面之词与几个白人证人的证言，就认定被告死罪（况且这几个证人也没有证实有强奸行为发生，据他们所说的，这两个女孩只是“被他们控制住了”）未免有点“操之过急”。

第二批是对海伍德·帕特森（Haywood Patterson）的审判。审期一天，死刑。

第三批审判在前一批审判结束后的几分钟内开庭。被告是奥奇·鲍威尔（Ozie Powell）、威利·罗伯森（Willie Roberson）、尤金·威廉姆斯（Eugene Williams）、奥伦·蒙哥马利（Olen Montgomery）和安迪·怀特（Andy Wright）。鲁迪·贝茨在法庭上仍然坚持认定，被告就是那些赶走白人男性并且对她与维多利亚实施强奸的5个黑人。法医布里奇斯再次重复他的鉴定意见。被告这时宣布放弃辩护，法庭辩论本应结束，可是法官并不顾被告的强烈抗议，仍许可控方继续陈述观点。

值得注意的是，为被告做辩护的两位律师因为没有足够的时间准备辩护，只能传唤其他被告人作为证人。尽管律师无能，但检方依旧破绽百出。在交叉质证环节，辩方律师套出了法医布里奇斯的话，布里奇斯承认，鉴定结果显示并未在两位受害者的阴道里发现精子活动的迹象，这就预示着这些精子很可能是在女孩们受到强奸之前就留下的（确实，在强奸事件发生以前，维多利亚与丈夫做过爱，而鲁迪·贝茨也与另一个男人发生过关系），但就在没有排除这些合理怀疑的情况下，陪审团就一致认定 5 个被告有罪。

法庭最终还审理了罗伊·怀特（Roy Wright）的案子。由于悬疑陪审团（hung jury），法庭最终没有判决这个年仅 12 岁的孩子死刑。

五、救济路漫漫

在全国有色人种协进会（National Association for the Advancement of Colored People，NAACP）和美国共产党（Communist Party）的帮助下，被告将一纸上诉状递给了阿拉巴马州最高法院（Alabama Supreme Court）。

在这纸诉状中，辩护方认为有以下几点理由导致了审判不公：1. 被告并没有得到充足的、有效的辩护；2. 被告律师没有足够的时间来准备辩护；3. 陪审团在当时舆情的逼迫下，带着很强的主观偏见来认定案件事实；4. 将黑人陪审员排除在陪审团之外是违宪的。阿拉巴马州最高法院最终作出了延迟执行（a stay of execution）的决定。

然而，州最高法院并没有打算挽救这些年轻人的生命。审理结果下来了。受形势所迫，州最高法院还是维持了斯科茨伯勒法院对其中 7 名原告的判决，除了年仅 13 岁的尤金 · 威廉姆斯，对其他人仍然维持死刑。

州最高法院认为原审法院的诉讼程序并没有违法，被告得到了一场公正的审判。而州最高法院的首席大法官约翰 · 安德森（John C. Anderson）却强烈反对法庭的意见。

他这样写道：虽然宪法赋予法庭以快速决案的权力，但比这更重要的是一场公正的审判。陪审团本应没有偏见，但最重要的还是陪审团应该在没有受到逼迫的前提下来听审和认定事实。① 他还指出，民兵组织整天带着被告穿梭往返于监狱与拘留所之间，这样的事实足以在事实上对陪审团施压。并且，被告被关在另

① Weems et al. v. State，Id.，at 214.

一个郡的拘留所里，这让被告的辩护律师完全无法与被告接近、了解情况并充分做好辩护准备。同时，罗迪律师其实是拒绝出庭进行辩护的，他只是作为法庭之友来到庭审现场。被告律师并没有恪尽职守、积极辩护。另外，在阿拉巴马州，被判处强奸罪的罪犯有 10 年到死刑的刑罚裁量空间，而斯科茨伯勒法庭却不加分别地判处几乎所有被告死刑，这样做是不是有悖罪刑相适应原则？最后，约翰·安德森法官这样总结：不管指控的罪行多么令人恶心，不管证据充分还是有瑕疵；被告也好，宪法、法律也好，还是美国本土黑人的自由，都需要一场公正的、不偏不倚的审判。①

六、最后一棵救命稻草

在 1932 年 10 月的一天，案子最终送到了美国联邦最高法院（United States Supreme Court）。在这次上诉中，国际劳工保护组织（International Labor Defense）委派沃尔特·波拉客（Wallter Pollak）来负责这次上诉。沃尔特指出，在斯科茨伯勒的审判中，由于当时社会舆情的导向，再加上律师法庭上的糟糕表现以及将

① Weems et al. v. State，Id.，at 215.

黑人排除在陪审团之外的事实，导致这些黑人男孩并未得到公正的审判。

联邦最高法院大法官最终以7比2的投票结果，推翻了原审法院的判决。这就是著名的鲍威尔诉阿拉巴马州（Powell V. Alabama）[①]案。法庭认为，基于联邦宪法修正案第十四条之正当程序条款，州法院应该告知有可能被判处死刑的被告他们有获得律师帮助的权利，并且在被告因为经济原因请不起律师的情况下，应该为被告指派一名律师，并给予律师充足的准备辩护的时间。

乔治·萨瑟兰大法官（Mr. Justice George Sutherland）慷慨陈词，洋洋洒洒地写下了三十几页的判决书。在判决书中，萨瑟兰大法官这样写道：鉴于判决书前面所列的事实——年轻、没有受过教育（illiteracy）、不懂法（ignorance）的被告、公众的仇视情绪、被告受到民兵组织监管的状态、被告的家人和朋友远在外地以致很难与他们取得联系的情况，更重要的，这群被告处于被判处死刑的风险之下，由此，我们认为法庭没能给予这些被告合理的时间与机会，去与律师接洽从而获得律师帮助，这已经违反了联邦

---

① Powell v. Alabama，1932，287 U.S. 45.

宪法对于正当程序条款的规定。

虽然联邦宪法第六修正案规定了被告人有获得律师帮助的权利，但这样含糊不清的说法使得实践中该条款的操作性并不强——没有律师出庭辩护，是否就一定违背了联邦宪法第十四修正案规定的正当程序条款？

就像许多司法判例提及的那样，这两个条款并不互为条件。但在某些情况下，正当程序条款却必须与获得律师帮助权挂上钩。就像在本案中，可以说被告是一群文盲加法盲，且心智未臻成熟；在这种情况下，不管被告有无要求，法院都有义务为被告指派出庭律师作为实现正当程序的必要条件。也就是说在此类案件中，不管法律有无明文规定，为了实现真正意义上的公义，法院为被告指派律师就成了一项特定的义务。

乔治·萨瑟兰大法官难掩内心波澜，抱着对缺乏律师出庭情况下司法审判公正性的质疑，继续义正词严道：让我们想想看这么一个极端的案例——被告是一个被指控犯有死罪的又聋又哑的，同时又是一个没有接受过教育的弱智，一个穷得请不起律师的可怜儿，在检察官和州律师竭尽全力指控他的情况下，被审判并最终被认定为有罪且处以极刑。如果这个被告真被执行死刑了，那么这就无异于司法谋杀，毋庸置疑，这将会是对联邦宪法第十四修正案规定的正当程序条款的违反。[①]

最后，萨瑟兰大法官总结到，这个案子的案情决定了斯科茨伯勒法院有义务为这些赤贫被告指派律师。基于此，联邦最高法院最终推翻原判并将案件发回重审。

鲍威尔案是美国联邦最高法院历史上第一次因为州法院违反了权利法案（Bill of Rights）中规定的诉讼权利条款而推翻州法院作出的判决书的案例。这个判决开启了法律援助的先河，确立了这样一个规则，即美国联邦法院或者是州法院都有义务为可能被判处死刑的赤贫被告人指派律师为其辩护。

七、无法摆脱的惨淡结局

案子发回重审，但是被告的命运却没有被改判。案子再次被上诉到了联邦最高法院。其中，在诺里斯诉阿拉巴马（Norris v. Alabama）[②]一案中，联邦最高法院确立了黑人不应该被排除在陪审团之外的规则。这看似细微的改变，相对 20 世纪 30 年代的美国而言却是个极为重要的进步。

---

① Powell v. Alabama，1932，287 U.S. 45,73.

② Norris v. Alabama，1935，294 U.S. 587.

迫于联邦最高法院的压力，“斯科茨伯勒男孩们”虽然最终逃过一死，但其中 4 人还是被判处终身监禁（另外 5 人的指控被撤销），所有人的结局惨淡收场。鲍威尔在监狱中遭到了狱警的枪击，脸部被射穿后烙下了终身的伤害，之后于 1946 年获得假释出狱；帕特森越狱了，逃到了相对开明的密歇根州，并且出版自传《斯科茨伯勒男孩》（Scottsboro Boy）一书，后病死于癌症，享年 39 岁；罗伊・怀特参军了，后来却因为杀妻而自杀；安迪・怀特是最后一个获释的，那一年是 1950 年：自他被捕入狱的第一夜以来，已过去了整整 19 年 2 个月 15 天。这也多少是彼时美国许多黑人悲惨一生的缩影，令人唏嘘不已。

似乎人类司法文明的进步，不管是最基本的“法律面前人人平等”的实现，还是每一步诉讼权利的落实、进步，都需要甚至流血牺牲的几代人。权利需要抗争而来，这是一个反抗与妥协的过程，她也许缓慢同时艰难，但方向前行。对这一点我们需要抱以足够信心。

发生在 20 世纪 30 年代的“斯科茨伯勒男孩”系列案件影响深远，甚至迄今余音缭绕。在任何有关回顾美国法律援助制度、律师帮助权相关制度时，这是一个绕不开的案例，或者说是“痛”。本书之后介绍的若干经典案例中，可以说均自此始，直到沃伦法官掌舵方收大成。

须知“路漫漫其修远兮，吾将上下而求索”之后，才是“饮余马于咸池兮，总余辔乎扶桑。”

选择还是必然？

一、司法正义到底多重要？

许多时候，我们并不能很强烈地体会到司法正义对每个人而言到底意味着什么，因为通常情况下我们生活在一个井然有序的既有格局中。我们安守本分，生活波澜不惊。但你可曾经试想过当你被控有罪，正在面临身陷囹圄甚至身首异处的危险，当个人面对的是一个庞然大物——国家刑事诉讼机器时，又会显得多么渺小与无助。如果司法正义缺席，在这些被告们同时面临道德和法律上的否定评价时，又有谁会怜悯这些“有罪过”的人。

受到指控之人如何获得“平等武装”从而对抗国家追诉机器，

是长久以来人们思考的问题。在这方面，无疑美国联邦宪法还有联邦最高法院判决都为我们树立了很好的榜样。它们都从权利设置方面注重维护刑事被追诉方的诉讼主体地位，为的就是要尽力促成一种控辩平等的局面。但是，这种权利的实现并非单有个人意愿就足够，它需要良心法庭，更取决于被控之人的财富状况。这种权利虽然神圣，些许时候却也无奈。它到底是一种选择还是一种必然？

二、可怜的被告

约翰逊（Johnson）和布里德韦尔（Bridwell）通过招募，从异乡来到了驻扎在纽约的海军陆战队（Marine Corps）服役。在1934年11月21日这天，他们因使用四张美联储（Federal Reserve）面值20美元的伪钞和携带21张同样性质的钞票被逮捕，并且因交不起保释金而被拘留于位于南卡罗来纳州（South Carolina）查尔斯顿（Charleston）的拘留所中，等待着大陪审团的审判。

拘留所中，被告人的自由被剥夺。在这里，警察们监视着他们，不听取他们的诉求，当然，他们也不能及时获得律师的帮助。同时，由于被告们是在异乡受到审判，在这里他们举目无亲，没有熟识的人；没有人知道他们的情况，更别谈对他们给予帮助。

尽管在预审（preliminary hearing）阶段有律师代理他们在治安法官面前作出了若干辩护，但检方的控罪理由没有受到丝毫影响，法庭最终决定在大约两个月后审理这个案子。然而，众所周知两位被告是没有能力聘请律师为他们出庭辩护的。更有趣的是，在聆讯（arraignment）环节，两位被告人同时向法庭提交了载明自己是清白的答辩状，并在答辩状中要求在庭审时法庭能够为他们指派辩护律师。法庭没有采纳被告人的提议，最终两名被告在没有辩护律师在场的情况下接受了审判。

三、控辩各执一词

两名被告人是没有接受过教育的赤贫被告人。同时，据他们所说，他们在之前从没有受到过有罪指控，这就说明了两名被告其实并不了解刑事诉讼这一整套程序。基于此，被告人要求法庭向他们指派辩护律师来帮助他们，但法庭并没有这么做。

地方检察官（District Attorney）咄咄逼人，他否定了被告有获得法庭为其指派律师的权利。他回应道，在南卡罗来纳州，法庭没有为除犯有死罪的被告提供律师帮助的义务。然而没有律师在场，确实让被告人很难为自己作出有效的辩护。特别是在交叉质证环节，他们往往只能否定一些明显不利于自己的证据，却无法提出有力的抗辩理由来捍卫自己的利益，更不用说可以通过质询证人，推翻那些跟案件无关甚至是可疑的证据。

就像布里德韦尔之后所说的那样：“我反对其中一个证人的证人证言。但我并没有办法质问他话语的真实性，我只是单纯地否定他所说的事实。当检察官的证人陈述完毕后，我坐不住了，以致激动地站起来强烈反对这些证人证言，说他们都错了。但是法官却说你如果要反对这些证人证言的话，你就必须有证据推翻它。”可我们要知道这两位被告是没接受过教育的赤贫被告人，就算接受过教育的人也未必能够在没有律师在场的情况下，作出有效的辩护。

但地区检察官并不承认他这一套。检察官助理（Assistant District Attorney）认为，布里德韦尔在交叉质证环节，对于诉讼法律制度的了解比一般人多。检察官不知道布里德韦尔的质证能不能够打动陪审团，但他同时表示，据书记员描述，基于约翰逊的自我辩护水平，很难看出其是一个没有受过教育的人，恰恰相反，他的辩护水平已经到了一般人所能够达到的标准。

四、狱中求助

审判的结果是两名被告人将面临 4 年半的监禁。审判结束后，两名被告被押往当地的拘留所暂时关押。在关押期间，他们曾经请求拘留所里的狱警为他们寻求一位律师，但却遭到了狱警的拒绝。不久后的某一天，他们被亚特兰大(Atlanta)的一家监狱收押。在关押期间，除了监狱里的狱警，他们谁也见不到。

他们并没有在规定诉讼期间内提出上诉或者提出要求重审的动议。这也难怪，对于第一次面对刑事起诉的、没有接受过教育的被告，在没有律师在场或法院告知的情况下，是不可能了解这些既定规则的。法庭认为没有为被告指派辩护律师也能够完成一场公正的审判，但如果没有合理地告知被告上诉的权利，是不是也违反了正当程序条款，严重侵犯了被告人的诉讼权利?

约翰逊与布里德韦尔本已经放弃了反抗。但当牢狱之灾一天又一天地将他们吞噬，他们才深深感受到“司法正义”是多么重要。在平日里，司法正义这个词似乎与他们不搭边，他们也不能体会到那些蒙冤入狱的同侪们的心酸苦楚，但这个时候他们才似乎觉得公正的审判对于他们或是世界上其他任何人来说，是多么可贵与必要。要不是没有律师在场，也许他们也不用身陷囹圄，也许他们在审判结束当时就可以重获自由。

“法院没有履行联邦宪法修正案第六款规定的使刑事被追诉

方获得律师帮助权的职责。”

于是他们越想越不甘心——结果对于他们而言也许不再那么重要，但他们迫切需要法院能给他们一个正确答复——他们到底犯没犯罪？他们有没有必要承担一个4年半的徒刑？怀着些许忐忑的心情，两名被告人向美国联邦最高法院寄出了一份人身保护状（habeas corpus）。

五、最高法院：若无律师保障，司法便无正义

最高法院最终以6比2的表决结果（卡多佐大法官没有参加表决）推翻了地区法院的判决，要求当地法院重审此案。

布莱克大法官（Mr. Justice Black）执笔写下了这纸判决。判决书没有长篇大论更没有浓墨重彩，而是代表联邦最高法院在直白平实的文字中发展了律师帮助权制度。这就是美国司法制度史上又一经典判例——约翰逊诉采尔布斯特案（Johnson v. Zerbst）[①]。该案也成为美国当代司法援助制度的基石之一。

关于律师帮助权，布莱克大法官认为，美国联邦宪法修正案第六款规定，在所有刑事犯罪的指控中，被告人均有权获得律师

---

① Johnson v. Zerbst，1937，304 U. S. 458.

帮助。[1]获得律师的帮助被认为是维护第六修正案规定之宗旨，即保障被指控之人的生命和自由不受侵犯的保护条款的当然之义。如果这些宪法性权利不被保障，则无司法正义可言。

说得更直白一些，这些条款的存在，就是未来保护被指控之人的生命和财产不被非法剥夺。道理很简单：在现实生活中，如果一个常人被置于一群有权力剥夺其生命和自由的审判组织面前，面对强大而老练的检察官，一般人很难针对检察官的指控作出强有力的反驳，哪怕这些指控是不正确的。但对于律师来说，这些程序就是家常便饭，他们熟知哪些程序是非法的，哪些证据是有瑕疵的。

“如果没有律师在场为其辩护，被告人的诉讼权利就只是一纸空文。在法律之学中，就算是接受过良好教育和充满智慧的人也难免缺乏诉讼的技巧。被控有罪的被告没有能力判断出该刑事控

---

① The Sixth Amendment of the Constitution provides that "In all criminal prosecutions, the accused shall enjoy the right to a speedy and public trial, by an impartial jury of the State and district wherein the crime shall have been committed, which district shall have been previously ascertained by law, and to be informed of the nature and cause of the accusation; to be confronted with the witnesses against him; to have compulsory process for obtaining Witnesses in his favor, and to have the Assistance of Counsel for his defence."

告书中的指控是否属实，他们不熟悉证据规则。这就容易导致因为缺少律师帮助，被告会因为若干没有证据能力或是证明力的证据而受到不当指控，并因此遭受误判。被告欠缺必要的法律知识和辩护技巧，当然他们需要在诉讼过程中的每一步都能够得到律师的帮助。[①] 在剥夺被告人生命和自由时，联邦法院必须严格遵照联邦宪法修正案第六款的规定，除非被告自愿放弃获得律师帮助的权利。”布莱克大法官在判词中掷地有声。

由此，美国联邦最高法院正式确立了美国法律援助制度史上又一座里程碑——在美国联邦法院，法庭有为犯有重罪的被告提供律师帮助的义务。尽管该判例确立的规则并不完美，比如提供律师帮助的义务主体仅限于联邦法院系统，并且仅限于那些犯有重罪的被告，但重要的是，该判例确立的规则确实能够鼓舞人心。因为它相较于鲍威尔诉阿拉巴马（Powell v. Alabama）[②] 确立的律师帮助权规则，拓宽了法律援助的适用范围——法律援助不再只是适用于那些涉嫌死罪的被告人，而是将范围拓展到所有涉嫌重罪的被控之人。这也预示着美国法律援助制度涵盖的范围大

① Powell v. Alabama，287 U. S. 45，68，69.

② Powell v. Alabama,287 U. S. 45.

大拓宽，并且可以继续拓宽。

司法正义是一种选择还是一种必然？随着法律制度的不断完善，尤其是法律援助外延的不断延展，衡量选择与必然这两者的天平却正在缓缓地向后者一端倾斜。毫无疑问的是，律师帮助权利的落实，使得正义愈发不会缺席。

最后一根稻草：贝茨诉布莱迪

贝茨诉布莱迪（Betts v. Brady）[①] 依旧是一个美国联邦最高法院关于律师帮助权的判例。尽管大法官们最终以 6 比 3 的票数判定州法院并没有为贝茨提供免费律师帮助的义务，但其在美国法律援助制度不断完善的进程中，却成为了一个不可替代的标杆式判例。如果说贝茨诉布莱迪是失掉了东隅的先驱，本书后面会谈到吉迪恩诉温奈特案（Gideon v. Wainwright）[②]，那一纸放在全人类法治文明进步视野中都算得上可圈可点的关乎法

① Betts v. Brady，316 U.S. 455（1942）.

② Gideon v. Wainwright，372 U.S. 355（1963）.

律援助制度的里程碑式判决，就是丰硕的桑榆。

贝茨，这个案件的主人公，在马里兰州卡罗尔县（Carroll, Maryland）的初审法院因涉嫌抢劫罪受到州检察官的指控。庭审中，贝茨以请不起律师为由要求法官为他指派一名辩护律师。而在当时该州的司法实践中，州法院只为被指控犯有谋杀罪或者强奸罪的贫穷被告提供免费律师帮助，自然，州法院没有同意贝茨的请求。

在没有放弃自己得到律师帮助权利的同时，被告人选择在没有陪审团的情况下接受了审判。尽管贝茨努力为自己做无罪辩护，也提供证人为自己做不在场的证明，但他最终还是被认定有罪并被处以 8 年徒刑。

在服刑期间，贝茨没有放弃自己得到救济的机会。他先后向华盛顿县巡回法院（Circuit Court for Washington County）和马里兰州上诉法院（Court of Appeal of Maryland）递交了基于人身保护令的申诉，但都被驳回。穷尽了一切州法院所能提供的救济办法后，贝茨仍然坚持认为自己受到了不公正的审判，自己在整个诉讼过程中的权利受到了严重侵犯；因为他坚信没有律师为其辩护，以他一个几乎没有接受过教育的贫穷被告，在强大的国家机器面前，是没有能力来保障自身合法权利不被侵犯的。基于美国联邦宪法第六及第十四修正案规定的公民固有权利，即公民有取得律师为其辩护的权利以及非经正当法律程序不得剥夺任何人的生命、自由或者财产，贝茨最终通过调卷令（certiorari petition）程序请求联邦最高法院审理案件。

联邦最高法院首先认定对该案具有管辖权，原因是贝茨已经穷尽所在州所有司法救济资源，并且该案件的争议是基于联邦宪法修正案的法律问题。之后，联邦最高法院大法官们针对本案争议的焦点展开辩驳，各抒已见。

没有为普通刑事犯罪的贫穷被告指派辩护律师是否违反了宪法规定的正当程序条款？这个问题也不是第一次摆在联邦最高法院的大法官面前，早在约翰逊诉采尔布斯特（Johnson v. Zerbst）①判例中，联邦最高法院就明确了在联邦法院系统，法院如果拒绝被告主张的获得律师帮助的权利，其作出的判决将会因为违反了第六修正案的规定而被宣布无效。但是，该判例所确定的规则只适用于联邦系统法院，而并不适用于州法院；甚至，有的法官认为获得律师帮助的权利只是一个选择权，而并不是法院所应承担的义务。

---

① Johnson v. Zerbst，304 U.S. 458（1938）.

很明显这样的论断是站不住脚的。如果获得律师帮助的权利只是一个选择权，那联邦宪法第六修正案规定的律师帮助权无异于一条特权规则，只有针对那些富有的被告，才能享受最优越的诉讼资源。而对于贫穷被告来说，该规则无异于一张空头支票，被架空了的自由等于无自由，无法救济的权利等于无权利。

在之前的鲍威尔诉阿拉巴马（Powell v. Alabama）[①]一案中，联邦最高法院确立了各州有为可能被判处死刑的贫穷被告提供律师帮助的义务。如果法院没有为该被告指派律师，那么该法院的判决将会因为违背正当程序条款而被宣布无效。但是，该规则只适用于那些可能被判处死刑的被告，而对于那些被控犯有其他罪行的被告并不适用。于是在贝茨诉布莱迪一案中，没有为涉嫌普通刑事犯罪的贫穷被告提供律师帮助是否违背了正当程序条款，再一次考验着最高法院大法官们的智慧。

本案于1942年4月13日至14日在联邦最高法院举行公开辩论，同年6月1日下判。

以欧文·罗伯茨（Owen Roberts）大法官为代表的6位大法

---

① Powell v. Alabama，287 U. S. 45（1932）.

官[①]维持了州法院的判决，即在马里兰州，正当程序条款并没有要求法院必须为贫穷的犯有抢劫罪的被告免费提供律师帮助。罗伯茨大法官在判决书中写下这么一段话："正当程序条款是为了防止那些侵犯到人们眼中珍视的公平正义价值的指控和监禁。虽然在一些案件中，没有律师的参与会造成不公正的指控，但我们不能以偏概全地说，如果没有律师的参与，那么所有的诉讼就是非正当的。"[②]罗伯茨大法官认为正当程序条款与获得律师帮助权之间并不存在必然联系，也就是说，并非所有刑事案件的被告都必须在律师参与的情况下，才能得到正当程序的保护并受到公正的审判。即获得律师帮助并不是实现程序正义的必备要素。程序正当与否不应该由这样一个僵硬的规则加以确定，而是法官综合全案的事实从而自由心证的结果。

罗伯茨大法官还表示，如果接受了该案被告要求免费提供律师帮助的要求，那么以后免费提供律师帮助的义务将会进一步扩大到任何普通的刑事案件甚至民事案件中。这样将会造成司法资源的大大浪费，甚至让整个司法系统处于无秩序的混乱状态。不

---

① Majority：Roberts，Stone，Reed，Frankfurter，Byrnes，Jackson.

② Betts v. Brady，316 U.S. 473（1942）.

公正胜于无秩序，这也是彼时最高法院大法官们在权衡两个相互冲突价值的问题上作出的取舍与妥协。

而以胡果·布莱克（Hugo Black）大法官为代表的其他3位大法官[①]却对此持有异议。布莱克大法官在他的异议意见书中表示，因为贫穷而无力聘请律师的被告（即使他是清白的），有更大的风险被指控为有罪。判断一个被告是否有罪，在没有律师为其辩护的情形下，即使有再多的证据指向他，认定他有罪，法庭也不能作出有罪判决。布莱克大法官认为，如果贝茨是在联邦法院接受审判，那么他将根据约翰逊诉采尔布斯特所确定的先例原则，受到法院为他指派律师的帮助，可能就会有不一样的结果。于是布莱克大法官呼吁联邦法院应该将提供免费律师帮助的义务扩展到各州法院的普通刑事犯罪，只有这样，像贝茨这样一类的贫穷被告才会享受到公正的司法审判。

但当时联邦法院还是以少数服从多数的原则否定了布莱克大法官的意见，多数意见认为正当程序条款并没有要求法院必须为贫穷的犯有抢劫罪的被告免费提供律师帮助，尤其是在多数判决中，大法官们特意把本案与鲍威尔一案作出了区分。于是贝茨的

---

① Dissent：Black，joined by Douglas，Murphy.

请求最终还是被驳回。

但历史的前行从来都是一个循序渐进的过程，司法制度的完善也不例外。贝茨诉布莱迪案虽然没能让免费提供律师帮助的义务扩展到各州法院的普通刑事犯罪的案件当中，但从 6 比 3 的表决结果中已经可以看出，以布莱克大法官为代表的“少数派”似乎在用某种方式推动着，法律援助的天平在一点一点地朝向为全体刑事被追诉方提供帮助的方向倾斜。某种程度上，该案例也孕育着吉迪恩诉温奈特这一棵压垮不公正的最后一根稻草。

凡人歌

在贝茨诉布莱迪一案（Betts v. Brady）过后，其判决的正当性就一直饱受学术界和实务界的质疑。该案例确立了一项原则——在特殊条件下，法院才有义务为涉嫌重罪被告指派律师。尽管彼时在美国许多州的司法实践中，法院都已经做到为任何没有能力获得律师帮助的涉嫌重罪被告指派律师，但也仍有不少州郡仍然遵循着贝茨先例的既定规则，就像本故事主人公克拉伦斯·厄尔·吉迪恩（Clarence Earl Gideon）所在的佛罗里达州那样。该州只在特殊情形下才为涉嫌重罪的被告指派律师。很不幸，吉迪恩案件在法官看来并不符合该种特殊情形。

他就这样在没有得到律师辩护的情况下，被判入狱。

一、穷困潦倒的吉迪恩

用穷困潦倒这个词形容吉迪恩并不为过。他生于 1910 年，自幼丧父，随母亲改嫁而与继父一起生活。他性格倔强刚毅，从小与继父格格不入（尽管如吉迪恩所述，他的继父是一个十足的好人），经常成为父母争吵后的出气筒。在 14 岁的时候，吉迪恩选择了离家出走。一年后返乡，因偷盗进入了少年管教所。管教所的经历堪称刻骨铭心。

出狱后，吉迪恩开始了自己的第一段婚姻，那年他 18 岁。然而好景不长，监狱的几进几出让吉迪恩先后结束了两次婚姻。第三段婚姻中，吉迪恩与妻子生下了 3 个孩子，再加上妻子与前夫所生的两个，夫妻两人一共要养活包括自己在内的 7 个人，可是夫妻两人却无时无刻不面临着失业的风险。

生活的压力令人濒临崩溃。吉迪恩的妻子开始酗酒，患有肺痨的吉迪恩也多次因为生计而犯罪入狱。但尽管他穷困潦倒，有多次犯罪记录（这也导致了一有犯罪发生，人们第一个怀疑的就是他），却不失其真诚善良、富有责任心的本性。贫贱夫妻百事哀，吉迪恩的妻子对生活失去希望，不仅酗酒更是不管孩子，甚至要将刚出生的孩子卖给皮条客。吉迪恩却不愿意丧失孩子的监护权，他定期给孩子们寄去生活费，想办法让法院与福利机构能够暂时收养自己的孩子。

在后来写给律师福塔斯（Fortas）的信中，吉迪恩这样说道：“我不想让任何人带走我的孩子，我会尽我所能阻止这种局面的发生。我希望能够在一个地方为孩子们安置一个家，我能够亲自照顾他们。”除了善良、对家庭充满爱之外，吉迪恩还是一个正义感十足的人。在30年反复入狱的经历中，他很欣慰美国法律制度的逐步完善，却也十分愤懑于美国刑事司法上的弊端与不公。他在写给福塔斯的信中就曾提到他本人目睹的不公正审判，说他的一个朋友因酗酒拒捕却在没有律师在场的情况下被判处两年的监禁，而在佛州，这是完全违反“法无明文规定不受罚”的原则的；要是有律师在场，这个可怜人绝不会稀里糊涂地被判处两年的徒刑。更何况，这样的情节在其他州只需要罚款25美金。

敢于向生活叫板，善良友爱，充满正义，这就是吉迪恩。

二、定罪之后不断抗争，终获转机

1961年8月4日，吉迪恩接受了由罗伯特·麦克·凯瑞（Robert Mike Carey）法官和一个6人陪审团进行的审判。在控辩双方进行对抗博弈之前，凯瑞法官试图保证这场审判的公正性。他询问陪审团是否会在被告没有律师代理的情况下做到公平的定罪量刑，在得到陪审团的肯定回答后，法官又询问吉迪恩是否申请回避。尽管法官在试图主持一场公正的审判，尽管控方证人的证言漏洞百出，尽管吉迪恩已经竭尽全力为自己的清白辩护（事实证明他的辩护没有起到任何效果），在没有律师在场的情况下，他还是没能得到一场公正的审判：

控方的主要证人是一个名叫亨利·库克（Henry Cook）的人，除了住址外，没有关于他的任何信息。他在法庭上咄咄逼人："在6月3日早晨5点半时，我正在海湾港桌球室外面闲逛，看见吉迪恩在桌球室里面。我之前就认识他。我透过窗户往里面看了几分钟后，吉迪恩便拿着一瓶酒走了出来，在街道拐角处打了个电话，然后便钻进一辆明显就安排好的出租车里。之后我便回到了桌球室，发现这里曾被人闯进来，香烟自动售货机的前门已经被拆了下来，里面的钱箱也被动过。"

这是一份非常不利的证据，吉迪恩尝试对库克进行简单的诘问。可是吉迪恩并没有问出库克证言的破绽，而对于库克的年龄、职业、他与吉迪恩的关系以及他的名声——所有这些专业律师都应加以关注的问题，吉迪恩都没有涉及。

吉迪恩找了8名证人为其作证。可这些原本能为吉迪恩罪行辩护的证人，由于辩护技巧的缺乏（因为这些证人并不知道自己要证明什么，他们只是在接受吉迪恩简单的诘问，并根据吉迪恩的问题如实作答），在庭审中都没能作出对吉迪恩有利的证言以令陪审团信服。比如吉迪恩在庭审中一直要证明自己很少喝酒的事实，不料却与辩护的目的相违背：根据佛州法律，喝醉酒是能为自己罪行辩护的。

在质证环节，吉迪恩没能有效地反驳对方的证人证言，在举证阶段又不能做到让陪审团信服；就这样，在控辩双方实力悬殊的情况下，陪审团认定吉迪恩有罪，他将面临长达 5 年的监禁，这是该罪在佛州在该罪名上的法定最高刑。

尽管审判让人心寒，可事后看来，这对于美国法律制度的进步却是一次良机：这是一次推翻贝茨判例最为合适的机会。显然，吉迪恩没有精神健康方面的缺陷，对于其提出的指控和证据也不是特别复杂，法官也试图做到公正审判——至少在庭审过程中不存在偏见。

总之，在贝茨判决狭窄的适用范围之下，吉迪恩并未因为符合特殊情形而获得律师的帮助，以致没能获得一场公正审判。在没有律师帮助的情况下，吉迪恩作为一个不懂法的门外汉已经做得相当不错了，但庭审结果仍然令人遗憾。他可能真的犯了罪，可控方并没能提出充分的证据加以证明。这个案子无需有多么卓越的律师，也许一个普通的律师就能轻易搞定。

成功往往既需要机遇又需要努力。吉迪恩的案子之所以能够引起联邦最高法院的注意，还与他不向命运低头、桀骜坚强的性格有关。他在狱中一次又一次地向联邦最高法院书写申诉，他几乎不识字，更不用说知法懂法。据联邦最高法院负责案件受理的书记官回忆，吉迪恩所写的申诉状中尽是拼写错误，可就是凭着这股韧劲，最高法院还是忽略了些许程序瑕疵，最终签发了调卷令，准备提审吉迪恩的案子。

三、狱中真情

监狱中的吉迪恩表现良好、乐于助人，与狱友们的关系也十分融洽。也许是因为自身境遇，他对狱友们的不幸经历也经常感到愤愤不平。尽管目不识丁，但所谓久病成医，根据丰富的阅历与对法律的思辨，他也经常在一些法律程序上帮助狱友们，如帮他们申请签发人身保护令等。尽管如他所述，狱中生活甚至好于他原先生活的地方，可是他对监狱中的申诉条件却颇有微词。他抱怨在监狱中没有人会帮助他，有时候收到法院的回函，他也只能干着急——因为他看不懂，也没人帮助他。

吉迪恩对于法律的思辨尽管朴素却也道出了穷人们的心声。他说很多审判本身之所以错了，是因为在佛州，人们将官员和百姓等而视之。他们认为所有的生活都已经是安排好的，比如在他们看来，将一个人交付法庭并剥夺他的所有权利，是一件天经地义的事情。也许是自身的经历，他对获得律师帮助权这项宪法赋予的公民权利尤为重视，也许只有像他这种经历过多次审判的人才知道，一个律师对于一场公正的审判是多么重要。

吉迪恩说他并不想为自己的罪行开脱，他只是希望能够获得自己所应当享有的权利。这是他的权利，也是穷人们的权利。

四、推翻贝茨判例，水到渠成

吉迪恩并没有阅读过联邦最高法院那些年来关于获得律师帮助权的判例，要是他知道并且了解了其中的内涵，也许就不会对自己的案子那么没有信心了。因为最高法院对于为贫穷被告指派律师的重要性，早已按其自身复杂的方式开始探索，并且也已经与吉迪恩朴素的想法不谋而合了。

吉迪恩是幸运的。从 1932 年鲍威尔诉阿拉巴马一案确立的为所有面临死刑指控的被告指派律师，到约翰逊诉采尔布斯特一案确立的联邦法院有义务为涉嫌犯有重罪的贫穷被告指派律师的先例，都是对获得律师帮助权制度的完善。尽管贝茨诉布莱迪一案没能确立起州法院有义务为涉嫌重罪的贫穷被告指派律师的先例，但贝茨案受到的全国范围内尖锐的批评，无疑加速了吉迪恩案作为界碑式裁判载入史册的进程。

其实从1960年代开始，联邦最高法院就相继作出一系列重要的相关判决。当年，在哈德森诉北卡罗来纳（Hudson v. North Carolina）[①]一案中，波特·斯图亚特（Potter Stewart）大法官就认为，联邦宪法要求为本案被告指派律师，因为哈德森案的另一位被告在审判中突然翻供，这可能会使陪审团对哈德森产生偏见。克拉克（Clark）和威特克（Whittaker）大法官发表了异议意见。他们批评说，多数意见中并未提及贝茨案，这无疑是对该案的一个打击。在第二年麦克尼尔诉卡佛（McNeal v. Culver）[②]一案中，最高法院推翻了州法院对于被告斗殴罪的有罪判决；而在协同意见（concurring opinion）中，道格拉斯（Douglas）大法官和布伦南（Brennen）大法官都要求推翻贝茨判例。在1962年卡利诉考克伦（Carnley v. Cocbran）[③]案中，尽

① Hudson v. North Carolina，363 U. S. 697,704.

② McNeal v. Culver，365 U. S. 109，119，1961.

③ Carnley v. Cocbran，369 U. S. 506，1962.

管有超过一半的大法官要求推翻贝茨判决，但由于当时所处的特殊情形，联邦最高法院还是决定将推翻贝茨案缓一缓；但谁都知道，这只是时间上的问题了。

五、辩护准备：剑指贝茨判决

联邦最高法院为吉迪恩指派的是来自阿福波律师事务所（Arnold，Fortas and Porter）的律师福塔斯。这家事务所尽管不比华尔街内的巨型律师事务所，可在当地也是颇有名气，其繁忙的业务足以佐证。

华盛顿的律师普遍具有超凡的能力，福塔斯就是典型。他出生在一个犹太人家庭，先是在当地西南大学就读，然后进入耶鲁大学学习并从此进入主流社会。他担任过法律杂志的主编，很早就显示出成为一名优秀律师的智识和毅力。他一生履历丰富，在32岁时便被任命为美国内政部副部长，后来辞职干起了律师。他帮助过很多大公司打过非诉官司，甚至成为公司的全权代理参加会议、商谈。

除了智识过人，福塔斯还对刑事法律非常感兴趣，并且钟情于其中的哲学思辨。福塔斯看重做事的技巧。他并不是一个多愁善感的人，他致力于改善刑事法律；这并非因为他对罪犯存在不切实际的幻想，而是因为他认为这样对社会有益。但在他清醒和超然的表象之下，藏有对信仰的热情，他是一个容易激动的人——对一切不公正的事情都充满了仇恨。

能有这样优秀的律师代理吉迪恩的案子，对他本人乃至整个美国社会来说都是一个福音。福塔斯在辩护前期的准备工作实在令人称道。福塔斯的目的是明确的，在吉迪恩案这样一个极具指标意义的宪法性案件中，他的职责不仅仅是力争胜诉，还要让尽可能多的大法官支持，从而推翻贝茨案。

阿福波律师事务所在福塔斯接受指派的 11 天后正式开始吉迪恩案件的准备工作。福塔斯做事有条不紊，他先让事务所一名律师起草了一份备忘录，然后根据这份备忘录来准备诉讼事实摘要。紧接着，事务所雇用了一位即将毕业的耶鲁大学法学院学生——约翰·哈特·埃利（John Hart Ely）。埃利首先调取了联邦最高法院对宪法第十四修正案进行解释的所有历史资料，并且梳理了一份关于贝茨判例的论文清单。在对该案有了初步探索之后，埃利提交了他的第一篇文章，阐明了自己对于获得律师帮助权问题的观点。

在这篇文章中，埃利有几个观点让福塔斯颇感欣慰，甚至援引到自己的辩词当中。埃利写道：“推翻贝茨判例看上去是对州权的限制，但实际上在所有州指派律师的做法，却能够大大排除最高法院对适用特殊情形的逐案审查。推翻贝茨判例并不是对州权的干涉，而是在倡导联邦主义。”同时，埃利也提到贝茨判例的另一个缺陷，即错误一旦发生，将很难得到纠正。因为并非所有没有得到律师帮助的法律门外汉都像吉迪恩那样有毅力。他们中的绝大多数不能像吉迪恩那样锲而不舍，做到让联邦最高法院提审他们的案子。

也就是说，贝茨判例并不是在保障被告获得律师帮助的权利，而是在筛选那些有能力让最高法院重视他们案子的贫穷罪犯。

在另一篇备忘录中，埃利一语中的：贝茨判例建立在一个错误的事实假定之上。特殊情形规则要求被告如果试图得到律师帮助，要建立在其具有精神障碍或者案件复杂性等特殊要求之上。然而单凭主观上的假定——认为被告在没有律师在场的情况下也能得到公平审判——本身就是错的，因为在诉讼的任何一个环节都可能出现不公正。埃利这些高深的论断令福塔斯十分满意，也为其辩词锦上添花。

俗话说，知己知彼，百战不殆。除了准备一份精彩的辩词之外，福塔斯还要对法庭上大法官可能问及的问题稍做准备。贝茨判例的支持者一直都认为，如果硬性要求为所有刑事被告指派律师的话，那么势必也要适用那些违反交通条例的案件，美国没有那么多的律师能够满足这种需求。另一个实际的问题是：应当在刑事程序的哪些阶段为被告指派律师提供帮助？最后也是更为重要的一个需要权衡的问题就是，吉迪恩一旦胜诉，是否对在审判阶段没有得到律师帮助的已决犯也应一并重新审理？这些问题一直是悬在最高法院大法官们心中的利剑，如果能够帮助法官们解答这些疑惑，势必会使得这场较量的胜利来得更彻底。

在精心准备之后，诉讼摘要也呼之欲出。福塔斯稍做修饰之后，这篇整整 53 页的诉讼摘要提交到了联邦最高法院。在这篇摘要的引言部分，已经用最精练的语言整理出其最核心的观点：

1. 联邦宪法第十四修正案要求，在所有重罪案件中都应为被告指派律师；

2. 遵循联邦主义的要求并不需要固守贝茨判例；

3. 贝茨诉布莱迪案所确立的规则并不适合作为司法行政工作的标准；

4. 最低限度的获得律师帮助权应该是指：在审判阶段为涉嫌严重犯罪的贫穷被告指派律师提供辩护；

5. 对已决犯所可能产生的影响，并不会成为推翻贝茨判例的障碍。

在摘要的最后，福塔斯特意引用了几句话：在世界历史上的一个关键时刻，贝茨诉布莱迪一案的判决推翻了对人们最珍贵权利的保证。在一个自由世界里，任何一个法庭都不得在没有律师替被告辩护的情况下直接将其定罪量刑。获得律师的帮助，不论对于穷人还是富人，都是法律之下自由和公正必不可少的程序保障。

最后福塔斯平淡而坚定地写道："根据上述理由，贝茨判例应该被推翻，同时，佛州法院对吉迪恩所做的判决也应该被推翻。"

六、推翻贝茨判决已势不可挡

代表控方出庭的是一位名叫布鲁斯·罗伯特·杰卡布（Bruce Robert Jacob）的年轻律师。在联邦最高法院接手吉迪恩案子的时候他只有 26 岁，可谓是初出茅庐。杰卡布曾经在一家事务所工作过几个月，在军队里待过半年，之后便在州司法部长办公室刑事部门任职。

尽管当时美国 50 个州在被告获得律师帮助权问题上的立场已经很明朗（据悉，彼时已经有 37 个州规定了在所有重罪案件中应为被告指派律师。剩下的 13 个州只规定了在死刑案件中为被告指派律师，而且这 13 个州之中有 8 个州做到了在司法实务中为被告指派律师，只有剩下 5 个州在实践中尚未在重罪案件中为被告指派律师，它们分别是阿拉巴马州、佛罗里达州、密西西比州、北卡罗来纳州、南卡罗来纳州，甚至有 24 个州已经将指派律师的规定适用到了轻罪案件中来），但杰卡布仍然希望能够打赢这场官司，让吉迪恩仍待在牢里。

杰卡布希望他的立场能够得到其他各州检察长的支持，他向各州检察长发去信函，希望对方能够以法庭之友的身份支持佛州的诉讼。事与愿违，在回函中，只有两个州明确表示愿意站在佛州这一边，他们是阿拉巴马州和北卡罗来纳州。而杰卡布的这一举动恰恰促成了其他各州对于推翻贝茨案的激烈反响。由明尼苏达州（Minnesota）总检察长蒙代尔（Attorney General Mundell）、马萨诸塞州（Massachusetts）总检察长爱德华·小麦考马克（Edward J. McCormack，Jr.）与民权和公民自由部门的负责人——总检察长助理杰拉德·柏林（Gerald A. Berlin）发起的，为吉迪恩撰写的法庭之友意见书得到了 23 个州的联合支持。

除此之外，佛罗里达州也允许美国公民自由联盟作为法庭之友参与诉讼。该组织出具的一份意见书作出了十分重要的贡献，它彻底梳理了在贝茨诉布莱迪案中的特殊情形规则下，由各级州法院作出的有关律师帮助权的所有判例，包括未规定为被告指派律师的各州上诉法院公布的判例。结果表明，这些法院在刑事案件中很少适用特殊情形规则，这也就表明特殊情形规则基本上已经成为了一部“死法”，实践中名存实亡。

然而，对杰卡布来说，更致命的是大法官费利克斯·弗兰克·福特（Felix Frank Ford）在8月28日正式宣布退休。福特大法官比其他大法官更加坚定地信奉联邦主义，他坚持联邦不应过多地干涉州权的理念；同时也坚决反对推翻贝茨判例，在联邦最高法院中极具影响力。接替他的是劳工部原部长亚瑟·戈德伯格（Arthur J. Goldberg），这位大法官与福特大法官处于完全不同的时代，其对于贝茨案的立场也让人捉摸不透。

在当时的联邦最高法院之内，已经确定有四位大法官能够站在福塔斯一边，他们是沃伦首席大法官（Chief Justice Warren）、布莱克大法官（Justice Black）、道格拉斯大法官以及布伦南大法官。斯图亚特大法官（Justice Stuart）在公开场合发表过批评贝茨判例的言论，看上去也不难争取。新上任的拜伦·怀特大法官（Justice Byron White）和戈德伯格大法官立场尚不能确定，也能够争取。而剩下的就只有两位坚持联邦主义的大法官——克拉克大法官和哈兰大法官（Justice Harlan）。这样看来，尽管要获得联邦最高法院大法官们的一致裁决有些困难，但推翻贝茨判例也已势不可挡。

七、审判：福塔斯律师步步为营

1963年1月15日，这个载入司法文明史册的时刻来临了。这一天是吉迪恩案的开庭审判日。吉迪恩的辩护律师福塔斯、控方律师杰卡布以及双方的法庭之友也都早早来到联邦最高法院。

这一天上午，按照惯例，沃伦首席大法官大声宣读了吉迪恩案件的全部标题：第155号案件，上诉人，克拉伦斯·厄尔·吉迪恩，被上诉人：佛罗里达州惩教署署长小考克伦。法官助理随之宣布，"律师全部到庭。"话音落下，吉迪恩案件的双方律师都走到各自位置坐下。

大法官按照顺序坐下后（坐在正中间的是沃伦首席大法官，其他法官按照资历的深浅分别围绕首席大法官向两边排开）。首先由福塔斯发表辩护意见。福塔斯一上来便先声夺人。他认为，从吉迪恩的案件可以看出，无论一个人的智商多么高，在没有律师代理的情况下都无法充分地为自己辩护。他这番强烈要求推翻贝茨案的发言惹恼了联邦主义的坚定支持者——哈兰大法官。可是福塔斯并没有正面与之发生冲突，而是承认了哈兰的立场，他解释说推翻贝茨判例并非是反对联邦主义，而是为了更好地发扬联邦主义，做到为所有涉嫌重罪被告指派律师可以避免联邦最高法院的逐案审查，恰恰与联邦主义是一致的。福塔斯的这番发言令哈兰大法官十分满意，哈兰也停止了责问。

这是本案最核心的问题之一，福塔斯原本是想在最后总结发言的时候对其予以阐释，然而作为经验丰富的律师往往能够抓住机会，在法官的责问之下，顺势推舟，不仅化险为夷，还为自己的获胜增添了筹码。

在接下来的发言中，福塔斯一路披荆斩棘，几位奉行联邦主义的大法官们似乎对其发言也十分满意。要在一场辩论中改变一位法官的司法哲学并不是一件容易的事，然而却可能通过一场辩论让这位法官在他固守的司法原则下，于一定范围内作出让步。福塔斯在这场辩论中要做的恰恰是这一点。并且从庭审现场看来，福塔斯已经很成功地完成了这个任务。

接下来，是吉迪恩的法庭之友兰金（Rankine）发言。他以符合其角色的策略进行辩论——很少谈及吉迪恩案件本身，而是以一个法律专业人士的角度将话题集中在更为宽泛的问题上。

到了下午，终于轮到杰卡布发言。他首先介绍了吉迪恩的基本情况，在随后的时间里他一直被法官的问题所打断，甚至没能连续发言 5 分钟以上。从一开始法官就对杰卡布的发言不满意，在随后的问答中就更是如此。杰卡布很颓丧地败下阵来，甚至没有利用他最后的5分钟进行总结陈词。紧接着，控方的法庭之友孟兹（Monds）上前发言。他年龄较大，一头灰色头发，比杰卡布更有经验，也更为放松。他被问到的问题同杰卡布一样多，但这些问题并没有给他带来太大的压力，相反，他却能风度翩翩地做着种种让步。

轮到福塔斯发表反驳意见了。他认为贝茨诉布莱迪案的判决已经无法跟上时代的变迁脚步。他又引用克拉克大法官在一起海外军事法庭审理案件中的司法意见，提及这项意见已经取消了死刑犯罪和非死刑犯罪之间区别的宪法性根据。

福塔斯在结束自己的发言时说道："我认为贝茨诉布莱迪的判决从一开始就是个错误，时间已经证明了这一点。我也相信，最高法院可以在有限度地干预各州事务的条件之下，制定一个正确、文明的规则，一个维护美国宪法主义的规则，一个正当程序的规则。这一时机已经成熟。"

八、宣判：无律师帮助，无庭审公义可言

在庭审结束后，联邦最高法院的大法官们通常会在紧接着的周五例会上对于案件进行第一次表决，然后形成多数意见。最后

再由多数意见中的首席大法官或者是资历较深的大法官撰写判决（他们也可以指定由某一位大法官撰写）。当然，没有被赋予这项神圣使命的大法官也可以写上自己的协同意见；对多数派大法官的评议结果不满意的，也可附上自己的异议（dissenting opinion），随多数意见一道成为判决的一部分。

大法官的讨论、投票以及撰写判决的整个过程对公众都是完全保密的。最高法院从开庭到宣布判决之间往往有几个月的时间，这期间判决结果绝不会被泄密。当然这个时间内，对于双方律师来说都是一次煎熬。然而比起杰卡布，福塔斯显得更为安静从容，毕竟他认为自己胜券在握。杰卡布虽然已经对推翻贝茨判例的结果了然于心，却也希望能让一位态度较为缓和的大法官来撰写判决。然而事实并不如愿，执笔写下这份气势恢弘的判决书的，就是 21 年前曾在贝茨案的司法意见书中带头写下异议意见的那位智者——布莱克大法官。

宣布判决这一伟大时刻来临了。布莱克大法官看着坐在专为大法官亲友保留的旁听席上的妻子说道：“我受最高法院的委托，负责宣读第 155 号案件——吉迪恩诉温奈特案的判决结果。”布莱克大法官按照自己写的司法意见开始宣布。遇到自己认为重要的部分，他会提高嗓门，感情更加饱满地诵读出来。

他首先批评了贝茨判例，认为它从一开始就是一个错误。紧接着他又重提律师帮助权，认为在美国这个对抗制的刑事司法体制下，一个被告在没有律师为其提供帮助的情况下不可能获得一场公平的审判。

在判决书中他这样写道："在我们对抗制的刑事司法体制当中，任何一个被拖入审判而又无力聘请律师的被告，在没有律师帮助的情况下都不可能获得公平的审判……政府雇用律师提起公诉，有财力的被告则聘请律师为自己辩护，这些都非常明确地表明了一种广为接受的理念：刑事案件中的律师是一种必需品，而不是一种奢侈品。与某些国家不同的是，在我国，被告人获得律师帮助的权利被认为是公平审判必需的基本权利。从一开始，我们各州和国家的宪法以及法律就对程序和实体权利保障给予极高重视，以保证被告能够由中立的裁判机构进行公平审判。在这样的法庭上，每一个被告都能得到法律的平等对待。如果一个贫穷的被告在没有律师帮助的情况下直接面对控方的指控，这种崇高的理念就会荡然无存。"

布莱克大法官继续论证道："在许多情况下，如果不包括获得律师帮助的权利，被告人的陈述权就几乎没有实际意义。即使是聪明的和受过良好教育的外行，对法律也知之甚少，有时甚至完全不知道应该如何运用自己有限的法律知识。如果被控犯罪，他一般都无法自行判断这一指控对他意味着什么。他并不了解证据规则。在没有律师帮助的情况下，他可能被以错误的罪名起诉，被以不充分的、没有关联性的或者其他不具有可采信的证据定罪。即使他自己作出成功的辩护，他也缺乏准备辩护必需的技巧和知识。他需要在追诉程序的每一个阶段都能得到律师的有效指导。没有这种指导，即使他是无罪的，也会面临定罪的风险，因为他并不知道如何证明自己的无辜。”

就这样，一个 21 年来一直堵在诸多人权主义者心中的石块在这么一纸判决之后消失殆尽，一座横亘在美国通往宪政理想路上的大山，伴随着贝茨判例被推翻了。一个在刑事法律援助之律师帮助权问题上的重要判例——吉迪恩诉温奈特案注定会载入史册，重新书写法律援助制度的历史。

九、重审吉迪恩：宣判无罪

贝茨判例被推翻后，吉迪恩的案子仍然悬而未决。他的案子需要在佛州巴拿马市被重新审理，与以往不同的是，这次审理中，吉迪恩将获得律师帮助。吉迪恩一开始希望自己的案子能够获得佛州公民自由联盟的律师代理，福塔斯也为吉迪恩联系了该组织中的一位经验丰富的律师——托拜斯·西蒙（Tobas Simon）。吉迪恩与西蒙也在心中达成代理的一致，西蒙还跑去关押吉迪恩的监狱里与他见了一面。他们的第二次会面是在当时审理吉迪恩案件的法官——麦克凯瑞法官的办公室中。这一次，吉迪恩的反应异常激烈，他拒绝西蒙为其辩护，他说他宁愿自己进行答辩也不愿意让西蒙出庭。这时候的吉迪恩显得有些绝望。他认为在同一个法庭、同一个法官、同一批证人面前受审，结果必然相同。既然还是要被投入监狱，他宁愿让自己完成这些诉讼事务。

无奈之下，西蒙只好打道回府。麦克凯瑞法官在得知吉迪恩想让当地的刑事辩护律师弗瑞德·特纳（W. Fred Turner）替他出庭辩护之后，就如其所愿，安排特纳作为他的辩护律师。

开庭审理当天，特纳果然表现出不凡的一面，他虽然个子矮小，却很精干。一上来，在挑选陪审团环节，特纳就向法官针对其中两名陪审员提出了回避申请，理由是其中一人有定罪倾向，而另一人讨厌酗酒。在交叉质证环节，控方的第一个证人仍然是亨利·库克，这份证言在当时成为指证吉迪恩入室抢劫的直接证据。在质证阶段，特纳问出了库克的几个破绽。首先库克并不是一个没有被判处重罪的人——他在当年审理吉迪恩案件的时候，向陪审团撒谎说自己从没有被判处重罪，而事实是库克曾经因为偷盗一辆汽车被判处缓刑。胆敢对陪审团撒谎的证人，其证言怎么具有可信度！特纳十分精明，他还调查得知库克当天凌晨在离家两个街区的桌球室附近下了车，在被问到为何要在这个地点下车时，库克有点不知如何应答，便说是为了等到第二天桌球室开门。他的这番话令陪审团疑窦丛生。

令人意想不到的是，特纳传唤了一位从未出现过的辩方证人——海湾港一家食品杂货店老板韩德森（J. D. Henderson）。据这位杂货店老板所述，库克当时告诉他，他看到了有人入室抢劫，地点就在桌球室。可是亨利却表示说他并没看清楚那人是谁。特纳抓住这个把柄，向陪审团阐明：既然当时库克都不能证明桌球室里的那人是谁，那么他又凭什么来指证吉迪恩入室抢劫?

…………

法官按照惯例对陪审团进行了一些平淡无奇的裁判指示，并且根据特纳的请求，告诉陪审团必须在“排除合理怀疑”的情况下才能给吉迪恩定罪。4 点 20 分，陪审团开始退席评议；直到 5 点 25 分，陪审员才开始陆续走进法庭。

紧接着，书记员立即宣读了他们写在表格上的裁决。判决结果是：被告罪名不成立。“这是陪审团的一致意见吗？”麦克凯瑞法官问道。

陪审团点头称是。

经过长达两年的关押后，吉迪恩重获自由。当站在一群祝福他的人中间的时候，他眼中饱含热泪，比平时颤抖得还要厉害。他开始憧憬自己以后的生活——他要跟自己的孩子一起生活。

“你有没有一种大功告成的感觉？”有位报纸记者这样问道。

“是的，当然。”[①]

① 本案案情均参见安东尼·刘易斯：《吉迪恩的号角——一个穷困潦倒的囚徒是如何改变美国法律的？》，陈虎译，中国法制出版社2010年版。

历史节点上的伟大：无效辩护标准证成

美国联邦宪法第六修正案规定的律师帮助权之发展，从某种侧面说，就是美国百年来穷人自卫的历程，是那些不幸遭受牢狱之灾，或者被控谋杀险象环生者不屈服命运安排杀出的一条血路。

尽管在吉迪恩诉温奈特案判决过后，以此判决为基础的美国律师帮助权保障大大向前推进——所有面临重罪指控的被告都有获得律师帮助的权利，法院有义务为这些无力聘请律师的被告指派律师，但律师帮助权的获得并非从此一劳永逸。在吉迪恩案判决时，大法官们并未涉及轻罪案件是否为被告指派律师、为被告指派律师从哪一诉讼阶段开始，以及律师辩护的质量如何保障这些问题。

时光更转，吉迪恩的案子已经过了二十几年，再一次律师帮助权的推进，时机已经成熟。

一、心理失控的犯罪嫌疑人

华盛顿（Washington）是佛罗里达州的一位居民。他一直处在社会底层，尽管十分努力，却还是面临着找不到工作的窘境。可想而知，华盛顿是一个不折不扣的穷人，穷得连自己都养活不起。更何况，他还有一个家庭，家里还有嗷嗷待哺的孩子。贫穷让华盛顿一直处于极度的压力之下，他焦虑抑郁以至于心绪难平。看到别人家丰衣足食，门庭若市，极度的不平衡感让他的精神几近崩溃。

他开始在家虐待亲人、对外实施犯罪以释放压力，且手段残忍、令人发指：在 10 天的时间里，华盛顿连续实施了三组犯罪，其中包括虐待、绑架以及谋杀。当然，他很快被捕了，等待他的将会是检察官的起诉与严肃的审判。

二、佛州之判：死刑

华盛顿可谓罪恶滔滔，在一般人看来可能必死无疑。特别是如果其接受了陪审团审判，那更是难逃一死。毕竟陪审团是普通百姓，他们不像法官那样理性，考虑若干有利于被告人的证据，而同情被害者的心理肯定会让审判的结果对华盛顿更不利。于是华盛顿宣布放弃陪审团审判，进入了认罪答辩（Plea Colloquy）程序。

认罪答辩是一项重要的美国刑事诉讼程序，是被告在做完宣誓的条件下与法官的一次谈话。谈话中法官会系统而有逻辑地询问被告几个问题，而此次谈话的目的，就是让被告的罪状能够成立。法官在谈话过程中有义务为被告阐明 3 个方面的事宜：1. 指控的性质；2. 起诉状指控的罪名，即犯罪情节可能导致的量刑和可能得到的最轻量刑；3. 被告有权放弃这样一个程序而选择让陪审团审理。

认罪答辩会有点像英美法系中的辩诉交易制度（Plea Bargaining）。辩诉交易制度是指在开庭审判之前，控辩双方进行协商谈判，以检察官撤销指控、降格指控或者法官从轻量刑为条件换取被告人的有罪答辩。但这样的一个制度尽管节省了不少司法成本，却也遭到不少的批评与质疑。有人认为审判不应该沦为一种交易——也就是说正义不能交易；也有人认为这样的审判结果与罪刑相适应原则相违背。

从自我保护的策略上讲，也许华盛顿这样的选择对他比较有利，在犯罪事实清楚、证据确实充分的前提下，可能实在没必要做无谓的抵抗。相反，选择对他比较有利的认罪答辩制度，或许还能让他逃脱死刑的惩罚。

在认罪答辩中，华盛顿告诉法官他之前除了犯过一些盗窃罪之外，并没有任何重大的违法犯罪记录。在他实施犯罪的那一阶段里，他处于一种极度压力之下，因为他没有能力养活他的家人。在宣告判决前，华盛顿的律师与其进行了一次面谈，但这位律师并没有向法官要求对华盛顿进行精神病检查，也没有要求法官为其传唤品格证人（Character Witness）。这些都成为华盛顿寻求救济、要求推翻审判的重要依据。

另外，华盛顿律师的另外一项决定也成了其寻求救济的又一理由。这位律师并没有向法庭作出量刑前报告（Pre-sentence Report）。这份报告本该包括被告的犯罪历史，包括被告的职业、教育等，为的是帮助法官能够作出更准确的量刑决定。

看起来华盛顿的律师似乎有点丧失职业道德操守，但他这样做也并不是没有自己的道理。因为在认罪答辩会上，华盛顿向法官所做的“之前没有过严重的犯罪记录”的说明，很可能因为为华盛顿传唤品格证人以及向法官作出量刑前报告而不被认可，为了确保认罪答辩会上的成果，他的律师才决定不这样做。

最后，这位律师并没有达到目的，法官最终还是判处了华盛顿死刑。在得知自己的判决结果后，华盛顿继续将案子打到了佛罗里达州最高法院，但佛州最高法院还是维持了一审判决，华盛顿仍然面临着死刑的威胁。

三、百转千回，案至联邦最高法院

如果在一个更加重视实体正义的国度，或许人们会普遍认为像华盛顿这样十恶不赦的人早就应该被执行死刑。这不仅合法也合情理，因为公众似乎都有一种嫉恶如仇的心理，只要是恶人，得到惩罚天经地义。可该案发生在了美国。在世纪大案——辛普森案审判中，当时的舆论普遍认为，其杀妻的行为已经无可置疑。即使所有的证据都指向他的犯罪事实，可对他的指控却由于警察的非法取证以及作伪证的行径而被推翻。

见微知著，一套保护被刑事追诉之人的严苛程序已经根植于它的司法系统之中，并指导、调控着整个国家机器的运作。

像华盛顿这样的十恶不赦之徒，在一、二审分别被宣判了死刑之后似乎本应就地正法，以泄众怒，可情况并非如此。华盛顿从佛州最高法院宣判他死刑之日起，就一直运用繁琐而又多样的各类救济途径为自己“申冤”。

华盛顿首先向当地法院申请了人身保护令，这份请愿被当地法院给驳回了。这是华盛顿所预见到的，他本就没指望当地法庭能够给他带来什么不一样的结果，这只是他的诉讼策略，一是在拖延时间，二是在走程序，因为能够为华盛顿说话的法庭都在上面：像联邦上诉法院甚至是联邦最高法院都是要用尽当地的救济（the Exhaustion of Local Remedies）之后，才能申请他们的援助。华盛顿紧接着又向佛州最高法院发出同样的请愿，理由是一样的，因为律师的无效辩护导致他现在量刑有错。佛州最高法院同样驳回了他的申请。

走完了当地州的救济途径，如果被告人愿意，可以继续进入联邦的救济渠道。这还有赖于美国司法系统这样一个双轨制（Duality）的权力配置体系。尽管联邦法院与州法院之间互相分离、互不隶属、自成体系，在案件受理上也有明确的分工，但被告在用尽当地州的救济途径之后，就可以选择请求让联邦法院对其发出人身保护令，并且来审查他的案子。于是华盛顿向联邦地区法院（Federal District Court）申请了人身保护令，其中多项救济请求中的一项就是要求法院推翻他的被指控罪名，原因是因为他得到的是一次无效的律师辩护（Ineffective Defence）。在举行证据听证会（Evidentiary Hearing）过后，联邦地区法院驳回了华盛顿的请求，原因是其律师尽管在辩护上存在失误，即律师错误的判断导致其并没有进一步为华盛顿寻找减轻处罚的证据，但这样的错误并没有导致法官的偏见以致错误地判决华盛顿死罪。

华盛顿继续将案子打到了联邦巡回上诉法院（Court of Appeal），上诉法院最终推翻了佛州最高法院的有罪判决，判决将案子发回重审。上诉法院坚称，宪法第六修正案赋予了被告以律师帮助的权利，其中这样的帮助应该是尽到善良管理人（Reasonably）的有效帮助。

上诉法院还在判决中罗列了两个方面的标准：其一是检验辩护律师是否尽到了去调查立法上没有规定的，有利于被告的证据的义务；其二是律师的过错是否已经达到了足以使法官产生偏见以致对被告量刑过重的程度。上诉法院要求重审法院应该依照这两个方面来进行审理。华盛顿似乎抓住了救命稻草，终于有法院同情他的案子了，可是事情远非他想象的那样，令他忧虑的事来了，还没等到州法院重审他的案子，佛罗里达州的检察官就不干了，州检察官斯特里克兰（Strickland）代表佛州直接将案子打到了联邦最高法院，最高法院同意审理这个案子，并向当地法院发出了调卷令准备提审该案。这就是具有里程碑意义的斯特里克兰诉华盛顿（Strickland v. Washington）案。[①]

四、无效辩护制度最终确立

一直以来，美国法院对于无效辩护的界限模糊不清，没有确定一套系统的、行之有效的规则。这也难怪，作为一个律师最重要的就是职业道德操守，为当事人的诉讼请求尽十二分力，律师在诉讼过程中的角色更多被视为当事人利益的代言人，人们普遍对自己的律师信任有加。

可律师也难免会犯错误，出于种种原因，只顾自身眼前利益而放弃维护当事人权利的现象屡见不鲜。这个问题在 20 世纪 80 年代的美国已经被屡屡提及，因为律师不尽职而打官司的也不少见。

直到斯特里克兰诉华盛顿这个案子一路打到美国联邦最高法院，大法官们才终于逮到了时机。联邦最高法院历史上第一位女性大法官，经里根总统提名的共和党人奥康纳（O' Connor）主笔该案的判决书，同时也正式明确了美国的无效辩护制度。[②]

---

① Strickland v. Washington，1984，466 U.S. 668.

② 奥康纳大法官代表多数派以 8 : 1 的票数通过判决；马歇尔大法官发表了反对意见（466 U.S. 706）。

奥康纳大法官在判决书中这样写道：第一，联邦宪法第六修正案赋予美国公民的律师帮助权应该是一种获得有效帮助的权利；判断一个关于因为无效辩护从而试图推翻原审的诉求是否成立，应该看该律师的辩护是否削弱了对抗制的正常功能，以至于法庭并不能从该控辩双方的对抗中发现是非，从而也就不能合理地给出一个公正的判决。

第二，一个被控有罪的被告人主张律师给予他的帮助是如此严重地存在瑕疵，以至于要求法院推翻他的有罪判决或者取消死刑的量刑裁决，是需要被告来承担举证责任的。而举证责任的内容包括两项，首先是要证明律师的辩护存在缺陷，其次还要证明由于律师存在瑕疵的辩护导致了法庭对他产生了偏见，从而使他不能获得一场公平的审判。

基于此，一方面判断一个律师辩护质量的合理标准应该是在考虑所有的因素之后得出的一个结论。当一个被控有罪的被告辩称他的律师辩护无效时，他应该能够证明该律师的代理已经违背了公序良俗。而从司法角度审查一个律师辩护的质量应该高度小心。一个对于律师的公正评判应该是，尽力消除事后的认识而带来的扭曲了真实情况的效果。相反，我们应该还原律师当时辩护的情形，并从律师的角度看待这场辩护的质量。对于怎么样的律师辩护是合理的，法院应该有一套设想，对于该规则并不能有任何扩充解释以便能够规范律师的行为。另一方面，至于证明有偏见发生，合理的规则应该是要求被告能够证明，如果不是律师的有违职业道德的错误，诉讼结果将会不同。只要存在发生上述事实的可能性即可，而该可能应是一种足以影响判决结果的可能。一个审理关于无效辩护案件的法院应该考虑涉及该案的种种证据。

第三，大量司法实践中的考量对于适用上述规则是十分重要的。上述规则并非意味着建立起一种僵化的模式来调整律师与当事人的关系，最终的焦点还是应该放在被告是否能够得到一场公平的审判。法庭无需一下子就判定该律师的辩护存在瑕疵，而是要先去看被告是否因为该无效的辩护而遭受偏见。只有在被告没能获得一场公正的审判的前提下，才有必要去判定律师辩护的质量。

回到本案中我们可以清楚地看到，基于以上规则，华盛顿的律师在判决作出及之前，并没有明显失当之处。我们同样能够看到，就算华盛顿的律师在诉讼过程中的表现是不合理的，被告也不会因为遭到足够多的偏见以至于可以推翻自己的死刑判决。

就这样，华盛顿没能逃过一死，最终还是坐上了电椅。该判决的意义绝不仅仅只是消灭了社会上的一个“恶人”，“教育了广大公民”，更重要的还在于它最终确立了可以评判、操作的无效辩护制度。某种意义上，华盛顿虽说是一个罪大恶极的人，可就司法公正的整体推进而言，也有后世人们值得记住他的原因。

需要指出的是，本案判决作出后，招来了学术界不少批判，但其影响力是持久的。在本案裁决作出后的 12 年中，联邦最高法院均坚守本案判决制定的标准，几乎所有引发争议的律师辩护行为，最终均被裁决为有效。直到 2000 年，威廉姆斯诉泰勒一案（Williams v. Taylor，2000，529 U.S.362），联邦最高法院才以无效辩护为由推翻了针对被告的死刑裁判。

从 1898 年安德森诉特里特一案（Anderson v. Treat）联邦最高法院将解释何为“律师帮助权”纳入视野，直至 1984 年斯特克兰德诉华盛顿案最终廓清何为“无效辩护”，其间经历整整 86 年。法律援助制度与其相伴相生，相互成就。穿插其中的是事实上有罪或者无罪之人些许偏执的坚持。个中滋味，的确值得后来人仔细玩味。

附 录

那一句“认罪态度好”太沉重

——聂树斌案和有效辩护的引入

即使从2005年王书金出现时算起，聂树斌案也已在举国关注之中熬到了第10个年头。期间情节跌宕起伏，迄今仍似难望尽头。其中，最让人们熟悉的镜头非聂树斌妈妈痛苦地在聂树斌坟头上哭喊莫属。

在这里先说一句：呼格吉勒图案去年昭雪之前，媒体也刊出了大幅呼格妈妈哭坟的照片。如果我的恶意所度不错，这应该是有意诱导、甚至明示摆拍的结果。不仅反映了如今诸多媒体记者想象力的匮乏贫瘠，更可能对受冤屈者家属构成二次感情伤害，显属触碰职业伦理底线之举——你们真是够了。

聂案：不按套路出牌的律师和舆论的反转

最近故事的高潮出现在负责复查聂案的山东省高级人民法院

创造的所谓“听证会”程序之后。虽然日后律师在微博上抱怨听证会程序设计不公——例如让河北方面介绍案情，律师后入场阐述辩护方理由后，河北方面反驳，之后再无律师说话机会等等，但无论如何，就现场文字整理稿看，辩护方明显准备不足，算是输了一阵。且央视《焦点访谈》随即播出倾向性非常明显的节目，采访观察团成员谈看法说感想，这一切似乎都在预示着案件走向朝着不利于聂家的方向发展。

说实话，那几天我在微信几个群里很受器重，疑似大小算半拉仙儿——山东高院复查聂案伊始，我就在群里泼那些盲目乐观的人的冷水。大体是说聂案和呼案完全不是一回事，启动根本就不是刑事诉讼法定程序的复查什么都代表不了，云云。他们都笑话我太保守，那意思恨不得就躺在摇椅上等着晴天劈下来一纸无罪判决书了。

听证会后，他们服了：事情远没有那么简单。

再之后，神转折出现了。一个叫杨金柱的律师，号称“死磕派”代表人物，没有按套路出牌，进行了绝地反击：以 10 万元人民币赔偿被害人家属为代价，将聂案全部卷宗搬上了网络供人们随意下载、浏览。

有了案卷，带来的主要后果现在看有两个：第一，引发了我印象中继正龙拍虎之后，再一次全国人民全员破案的狂潮，比多年来柯南给我们普及刑侦知识的效果要好得多。蔚为壮观。第二，2015年5月19日，长沙市律协宣布立案调查杨金柱此举。

效果是：舆情180度反转。

其中以5月12日陈光中先生那篇《聂树斌案五大疑点已撕裂原证据证明体系，理应重新公正审判》为最，简直起到了一锤定音的作用。

可以大胆推测：山东高院的复查报告，恐怕必须是建议正式启动刑事再审程序才能过得了舆论这一关了。

聂树斌案中乏善可陈的辩护词

关于聂树斌一案的案情分析，随便一搜俯拾即是。但既然公布了案卷，这里就从21年前本案的委托辩护暨时下学界比较流行的“有效辩护”问题谈一谈个人看法。

1994年12月27日，也就是聂树斌被刑事拘留近两个月之后，他亲笔签署了一封委托辩护书，委托当地一家律所指派律师为其进行辩护，并且缴纳了“劳动报酬费人民币300元”。石家庄市法律顾问处也写给了石家庄市中级人民法院一封“函”说明此事，全部记录在案。

而后，1995年3月10日8时30分—12时，河北省石家庄市中级人民法院刑事审判笔录中，用了不到半页纸的篇幅录述下了这么一段话：

“辩护人有什么发言”“1. 被告人认罪态度好，本案由于本被告人有嫌疑情况下，本犯坦白才告破；2. □□□□本犯系初犯，就应从轻处罚，希望本庭考虑这个因素；3. 女的内裤上没□□精斑，认定强奸罪证据不足，不应只看口供；4. 本犯与被害人无仇怨，无犯罪故意。”（载该笔录第8页；空格代表实在难以辨认的字迹，但并不影响原意）

需要说明的是，聂树斌案审判发生在1996年《刑事诉讼法》修改之前。在1996年的一份谈话记录中，时任司法部部长的肖扬曾表示：“对侦查阶段的犯罪嫌疑人，应该给予其自我申辩的权利，并应准许其请律师进行必要的法律帮助，以防止在侦查阶段误伤好人，不要等到进入法庭审理阶段后才可以请律师辩护。”在不久后修订的《刑事诉讼法》中，明确了犯罪嫌疑人在侦查阶段的请求律师帮助权。即按照时行《刑事诉讼法》，聂树斌委托律师的时间并不晚。田口守一先生经常被引用的一句话就是“刑事诉讼的历史就是扩大辩护权的历史。”审视我国历次《刑事诉讼法》《律师法》修改，此言非虚。

有没有某种权利很重要，接下来的问题就是该种权利如何行使以及怎样的救济方是有效的。20年之后重新审视聂树斌得到的辩护服务，似乎很难令人满意：没有一份独立的书面辩护意见而仅仅是在审判笔录中寥寥数笔、有限的4条辩护意见中只有第3条才有一些专业精神，以及“认罪态度好”这句本应是装饰性修辞居然出现在了辩护意见的开篇最重要位置。即使本着不苛求前人的原则，这4点辩护意见也实在乏善可陈——如果不是书面辩护意见丢失或者审判笔录记录太过简略的话。

关于律师帮助权的有无及有效性问题，或许我们可以通过美国有效辩护制度的确立得到些许灵感。

律师帮助：从“有没有”到“好不好”

美国宪法第六修正案规定了“在所有的刑事诉讼中，被诉方应该……获得律师帮助为其辩护”——这是所谓有效辩护制度的宪法起点。但这仅仅是宪法的文本规定。

在1898年安德森诉特里特一案（Anderson v. Treat）中，第六修正案还仅被联邦最高法院理解为“被告人自己选择”的权利。也就是说，你自己雇佣律师法院不会阻拦，那是你的权利，但如果你觉得政府有责任帮你在没有律师的情况下获得律师的帮助，纯粹想多了。30 多年之后，在鲍威尔诉阿拉巴马一案（Powell v. Alabama）的裁决中，美国联邦最高法院开始扩大刑事案件中有权获得合法辩护人的被告人范围，该判决规定州重要案件的被告人有权获得法定的帮助。6 年后在约翰逊诉采尔布斯特一案（Johnson v. Zerbst）中，最高法院又裁定，第六修正案要求为所有在联邦法院受审的犯有重罪的被告提供辩护律师。在这种扩大解释模式的间断期，在贝茨诉布莱迪一案（Betts v. Brandy）中，最高法院拒绝在州重罪案件中适用相同的指令，判决认为在州审理重罪案件中，为贫穷方提供辩护律师应该由案件的具体情况而定。贝茨案判决的 21 年后，所谓“贝茨标准”被著名的“吉迪恩号角”（Gideon v. Wainwright，1963）所推翻。在这一案件中，最高法院认为，在所有各州重罪案件中，都要为被告提供辩护律师。这一承诺在 1979 年阿杰辛格诉哈姆林一案（Argersinger v. Hamlin）拓展到轻罪案件中——至此，联邦最高法院基本解决了在刑事案件中国家有义务保障被告人获得律师帮助权利的实现。[①]

“有没有”的问题解决了，逻辑的，接下来就是“好不好”的

---

① 具体可参见 The Oxford Companion To American Law，Oxford University Press，2002.

事情了。

联邦最高法院认为，评价律师辩护行为是否无效的标准包括两个部分：“第一，被告必须指出律师的表现是有缺陷的，这要求被告能说明律师所犯的错误十分严重以致不符合宪法第六修正案下律师应有的功能；第二，被告必须指出律师的错误十分严重以致剥夺了被告获得公正审判的机会，并导致审判结果的不可靠。”

这就是联邦最高法院通过斯特克兰德诉华盛顿一案（Strickland v. Washington）创立的有名的“斯特克兰德标准”，即从规定何为“无效辩护”的角度出发，最终落脚点在于联邦及州系统内评价律师辩护的有效性。

跋

承蒙中国法制出版社抬爱，把写作中外法律制度源流的任务交给了我。写作时间稍显紧张，我们也只能勉力而为。

回头看去，至少对自己，写作的过程倒是一次精神饕餮之旅。在这段时间中，法律援助，这个相对年轻的新生制度之孕育、诞生、成长、壮大过程在我们面前徐徐展开。给人的深刻印象是，她与人类司法文明的进步方向同气连枝，深深嵌入其中。

就像正文中所向大家描绘的那样，法律援助制度从无到有，从弱小到壮大，现在看来甚至更多可以当作谈资，实际中却有诸多先贤法官、有识之士以及不可或缺的或许是“罪犯”的人们的颠扑付出。

其中当然诸多曲折，但总是前行，这也是法治国家建设必由之路。

就中国大陆而言，自 20 年前我们甫一建立法律援助制度，到 10 年前学界引入“有效辩护”之概念，再到当下我们将这一制度在更宽泛、更有质地的层面上铺开，已经让人心生感慨，喟叹、欣喜变化的剧烈。

就一纯粹意义上的舶来品而言，法律移植的过程中总有若干误会；向自身古老历史索取灵感的时候似也需要正本清源，这也是这本小书得以诞生的缘由。

写作有所分工，我来负责美国相关法律制度的撰写，中国部分则由四川省检察院优秀检察官符尔加先生担纲。

说个近期就大陆法律援助制度方面的愿望吧：愿其光芒早日泽被全部涉嫌有期徒刑以上刑罚之刑事被追诉方。

郭　烁

图书在版编目 (CIP) 数据

法律援助的故事 / 郭烁，符尔加著 .—北京：中国法制出版社，2016.6

ISBN 978-7-5093-7564-8

Ⅰ. ①法… Ⅱ. ①郭… ②符… Ⅲ. ①法律援助－中国－通俗读物 Ⅳ. ① D926-49

中国版本图书馆 CIP 数据核字（2016）第 114572 号

策划编辑：胡　艺（ngaihu@gmail.com）

责任编辑：吕静云　　封面设计：蒋　怡

法律援助的故事

FALÜ YUANZHU DE GUSHI

著者 / 郭　烁　符尔加

经销 / 新华书店

印刷 / 三河市紫恒印装有限公司

开本 / 880 毫米 ×1230 毫米　32　　印张 / 7.5　字数 / 238 千

版次 / 2016 年 7 月第 1 版　　2016 年 7 月第 1 次印刷

中国法制出版社出版

书号 ISBN 978-7-5093-7564-8　　定价：29.80 元

北京西单横二条 2 号　　值班电话：010-66026508

邮政编码 100031　　传真：010-66031119

网址：http://www.zgfzs.com　　**编辑部电话：010-66053217**

市场营销部电话：010-66033393　　**邮购部电话：010-66033288**

（如有印装质量问题，请与本社编务印务管理部联系调换。电话：010-66032926）